TOKYO GREEN

東京・緑のハンドブック

株式会社マルモ出版

掲載施設一覧

掲載施設一覧

(※掲載順)

(※最寄り駅からの所要時間には、個人差があります。)

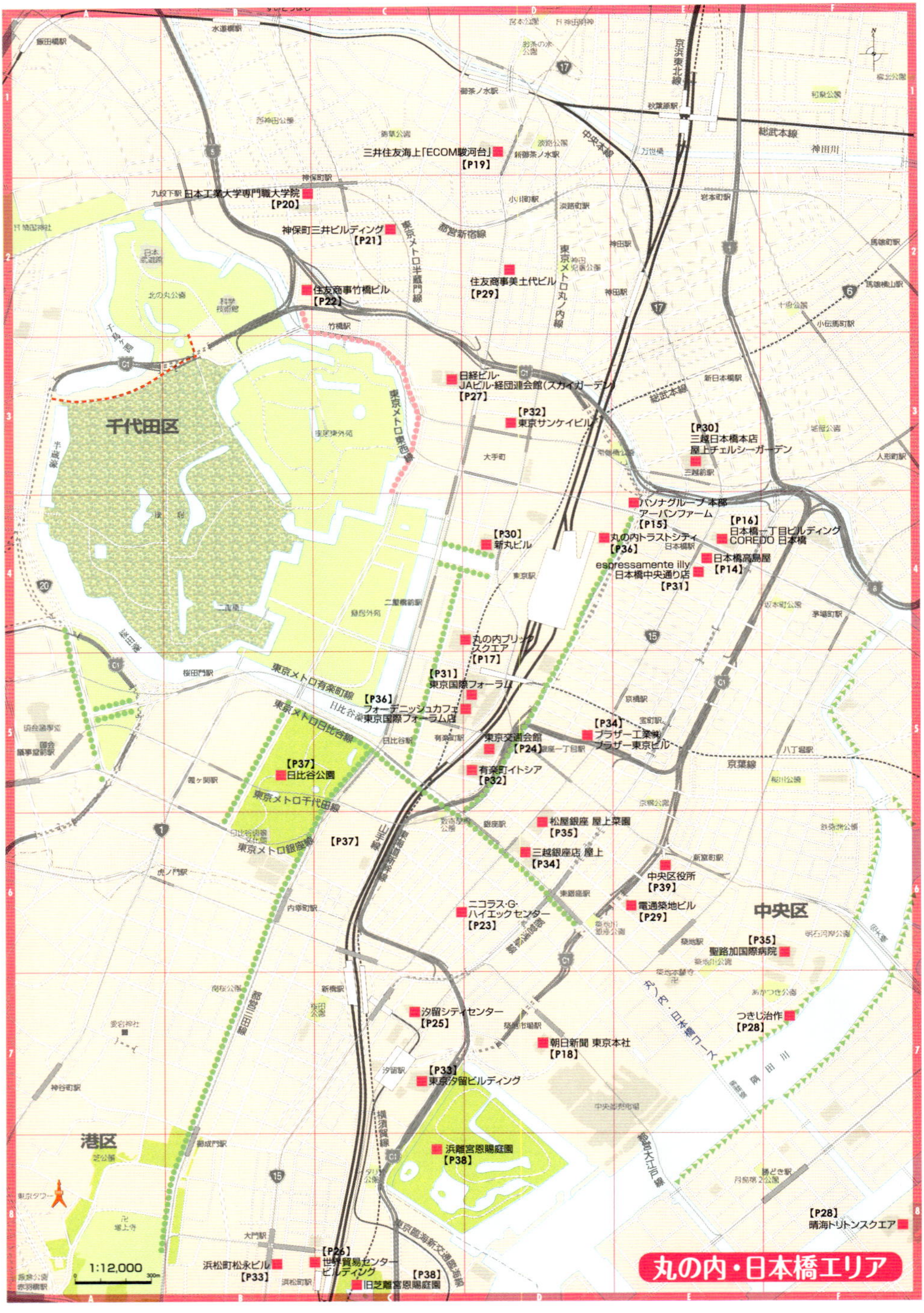
丸の内・日本橋エリア
1:12,000
千代田区
中央区
港区
三井住友海上「ECOM駿河台」
【P19】
日本工業大学専門職大学院
【P20】
神保町三井ビルディング
【P21】
住友商事美土代ビル
【P29】
住友商事竹橋ビル
【P22】
日経ビル・JAビル・経団連会館（スカイガーデン）
【P27】
【P32】
東京サンケイビル
【P30】
三越日本橋本店
屋上チェルシーガーデン
パソナグループ 本部
アーバンファーム
【P15】
【P16】
日本橋一丁目ビルディング
COREDO 日本橋
【P30】
新丸ビル
丸の内トラストシティ
【P36】
日本橋高島屋
【P14】
espressamente illy
日本橋中央通り店
【P31】
丸の内ブリックスクエア
【P17】
【P31】
東京国際フォーラム
【P36】
フォーデニッシュカフェ
東京国際フォーラム店
【P34】
プラザー工業株
プラザー東京ビル
東京交通会館
【P24】
有楽町イトシア
【P32】
【P37】
日比谷公園
【P37】
松屋銀座 屋上菜園
【P35】
三越銀座店 屋上
【P34】
中央区役所
【P39】
電通築地ビル
【P29】
ニコラス・G・ハイエック センター
【P23】
【P35】
聖路加国際病院
汐留シティセンター
【P25】
朝日新聞 東京本社
【P18】
つきじ治作
【P28】
【P33】
東京汐留ビルディング
浜離宮恩賜庭園
【P38】
【P28】
晴海トリトンスクエア
浜松町松永ビル
【P33】
【P26】
世界貿易センタービルディング
【P38】
旧芝離宮恩賜庭園
東京メトロ東西線
東京メトロ有楽町線
東京メトロ日比谷線
東京メトロ千代田線
東京メトロ銀座線
東京メトロ半蔵門線
東京メトロ丸ノ内線
都営新宿線
京浜東北線
中央本線
総武本線
京葉線
山手線
横須賀線
都営三田線
都営大江戸線
東京臨海新交通臨海線
神田川
隅田川
飯田橋駅
水道橋駅
御茶ノ水駅
秋葉原駅
新御茶ノ水駅
神保町駅
九段下駅
小川町駅
淡路町駅
岩本町駅
神田駅
竹橋駅
新日本橋駅
小伝馬町駅
馬喰町駅
馬喰横山駅
三越前駅
大手町
日本橋駅
東京駅
二重橋前駅
桜田門駅
京橋駅
宝町駅
日比谷駅
有楽町駅
銀座一丁目駅
八丁堀駅
茅場町駅
霞ヶ関駅
国会議事堂前駅
銀座駅
新富町駅
東銀座駅
虎ノ門駅
内幸町駅
築地駅
新橋駅
汐留駅
築地市場駅
神谷町駅
御成門駅
大門駅
浜松町駅
赤羽橋駅
勝どき駅
靖国神社
日本武道館
北の丸公園
科学技術館
千鳥ヶ淵
半蔵濠
皇居東外苑
皇居外苑
二重橋
桜田濠
国会議事堂
日比谷公園
愛宕神社
芝公園
増上寺
東京タワー
中央卸売市場
築地本願寺
月島第二公園
錦糸公園
淡路公園
和泉公園
浜町公園
中央区役所
日本橋
常盤橋公園
坂本町公園
桜川公園
鉄砲洲公園
明石町河岸公園
あかつき公園
築地川公園

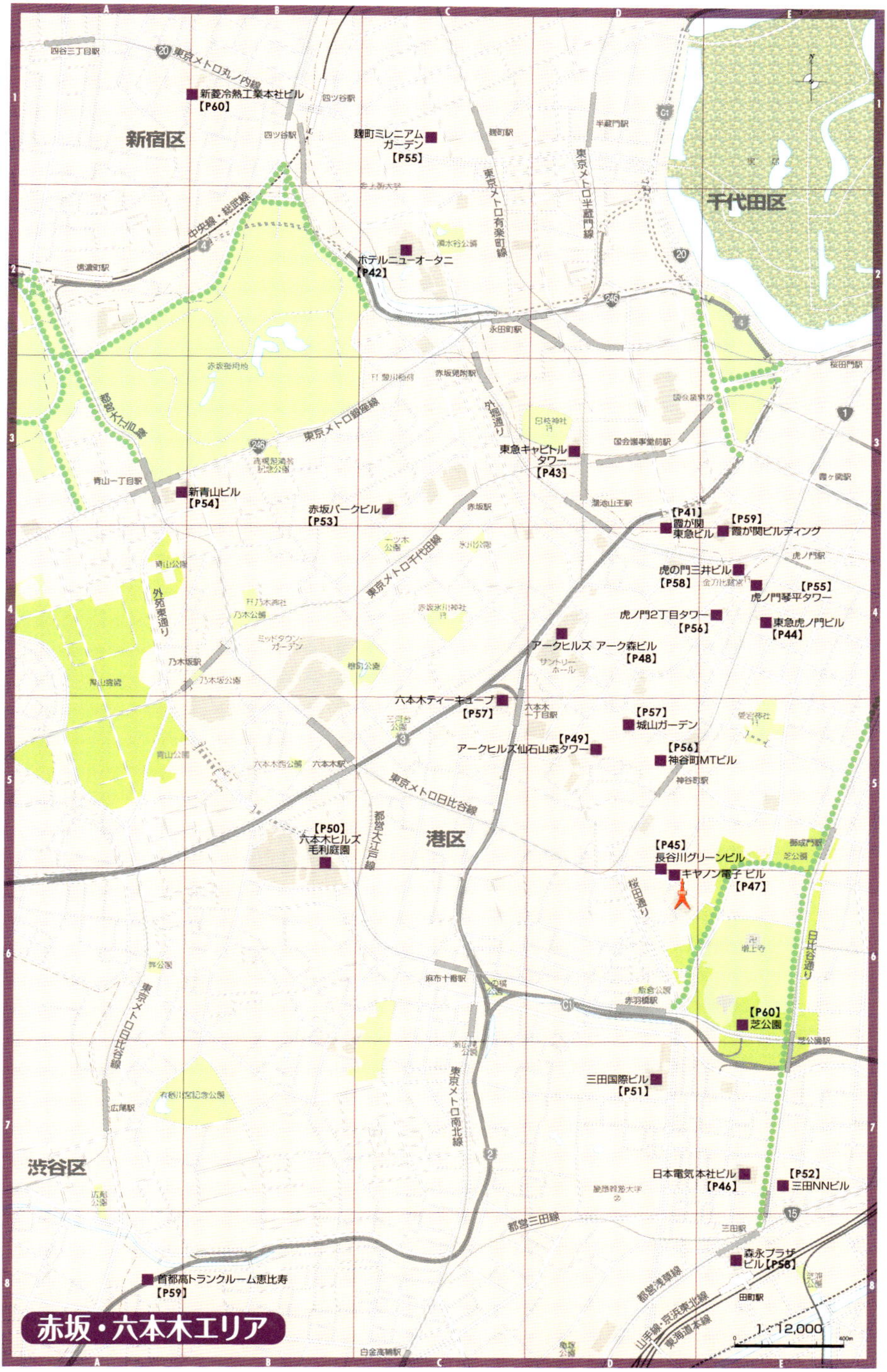
赤坂・六本木エリア
新宿区
千代田区
港区
渋谷区
四谷三丁目駅
東京メトロ丸ノ内線
新菱冷熱工業本社ビル
【P60】
四ツ谷駅
麹町ミレニアムガーデン
【P55】
麹町駅
半蔵門駅
東京メトロ有楽町線
東京メトロ半蔵門線
皇居
中央線・総武線
信濃町駅
ホテルニューオータニ
【P42】
清水谷公園
永田町駅
赤坂御用地
赤坂見附駅
桜田門駅
国会議事堂
外堀通り
日枝神社
国会議事堂前駅
東京メトロ銀座線
都営大江戸線
東急キャピトルタワー
【P43】
溜池山王駅
霞ヶ関駅
青山一丁目駅
新青山ビル
【P54】
赤坂パークビル
【P53】
赤坂駅
【P41】
霞が関東急ビル
【P59】
霞が関ビルディング
虎ノ門駅
東京メトロ千代田線
虎の門三井ビル
【P58】
【P55】
虎ノ門琴平タワー
虎ノ門2丁目タワー
【P56】
東急虎ノ門ビル
【P44】
外苑東通り
乃木坂駅
乃木神社
赤坂氷川神社
ミッドタウン・ガーデン
檜町公園
青山霊園
アークヒルズ アーク森ビル
【P48】
サントリーホール
六本木ティーキューブ
【P57】
六本木一丁目駅
【P57】
城山ガーデン
【P49】
アークヒルズ仙石山森タワー
【P56】
神谷町MTビル
神谷町駅
六本木駅
東京メトロ日比谷線
【P50】
六本木ヒルズ
毛利庭園
都営大江戸線
【P45】
長谷川グリーンビル
キヤノン電子ビル
【P47】
御成門駅
芝公園
桜田通り
日比谷通り
増上寺
麻布十番駅
赤羽橋駅
【P60】
芝公園
芝公園駅
三田国際ビル
【P51】
東京メトロ南北線
東京メトロ日比谷線
有栖川宮記念公園
広尾駅
日本電気本社ビル
【P46】
【P52】
三田NNビル
都営三田線
三田駅
森永プラザビル
【P58】
田町駅
都営浅草線
山手線・京浜東北線
東海道本線
首都高トランクルーム恵比寿
【P59】
白金高輪駅
1：12,000

三ノ輪駅
東盛公園
玉姫公園
つくばエクスプレス
日本堤公園
石浜公園
隅田川
堤通公園
向島百花園
【P71】
白鬚公園
長寿庭園
東向島北公園
東向島駅
八広公園
6
京成押上線
銅像堀公園
山谷堀公園
千束公園
富士公園
待乳山聖天公園
曳舟駅
京成曳舟駅
イトーヨーカドー 曳舟店
【P66】
東武スカイツリーライン
桜橋
隅田川公園
言問橋
浅草寺
花川戸公園
浅草駅
伝法院
雷門
墨田区
東本願寺
浅草駅
とうきょう
スカイツリー駅
東武亀戸線
墨田区役所
【P69】
吾妻橋
東京ソラマチ®
押上（スカイツリー前）駅
東京スカイツリータウン®
【P62】
田原町駅
吾妻橋公園
本所吾妻橋駅
駒形橋
押上公園
文花公園
文花宮前橋公園
あずま百樹園
北十間川
都営浅草線
横川公園
業平公園
大横川親水公園
東京メトロ半蔵門線
蔵前駅
環境ふれあい館ひまわり
【P70】
鈴木興産
70号倉庫
【P63】
横十間川
若宮公園
【P64】
オリナス錦糸町
江東区
蔵前橋
横網公園
【P72】
旧安田庭園
錦糸公園
日進公園
亀戸駅
【P65】
江戸東京博物館
国技館
緑町公園
総武本線
1:17,000
0
500m
錦糸町駅
両国駅
E
F
G
H
1
2
3
4
5

浅草・上野エリア
荒川区
文京区
台東区
千代田区
日暮里公園
日暮里駅
日暮里南公園
須藤公園
千駄木駅
本駒込駅
谷中霊園
東北・上越新幹線
京浜東北線
東京メトロ千代田線
東京メトロ南北線
寛永寺
鶯谷駅
入谷鬼子母神
東京メトロ日比谷線
入谷駅
白山駅
根津神社
平成館
東京国立博物館
都営三田線
言問通り
根津駅
東大前駅
京成本線
山手線
入谷南公園
国立科学博物館
上野動物園東園駅
上野恩賜公園【P68】
上野動物園西園駅
上野駅
東京大学
上野恩賜公園
17
京成上野駅
不忍池
稲荷町駅
東京メトロ銀座線
【P71】
旧岩崎庭園
上野区民会館
【P70】
上野御徒町駅
西町公園
春日駅
切通公園
湯島天神
上野松坂屋パークプレイス24
【P66】
礫川公園
本郷三丁目駅
254
上野広小路駅
仲御徒町駅
新御徒町駅
都営大江戸線
湯島駅
御徒町駅
御徒町公園
竹町公園
小島公園
後楽園駅
東京ドーム
東京メトロ丸ノ内線
小石川後楽園
1
末広町駅
水道橋駅
元町公園
宮本公園
神田明神
中央線・総武線
お茶の水公園
【P67】
秋葉原UDX
【P67】
秋葉原ダイビル
和泉公園
柳北公園
御茶ノ水駅
西神田公園
5
錦華公園
淡路公園
秋葉原駅
浅草橋駅
新御茶ノ水駅
神田川
神保町駅
岩本町駅

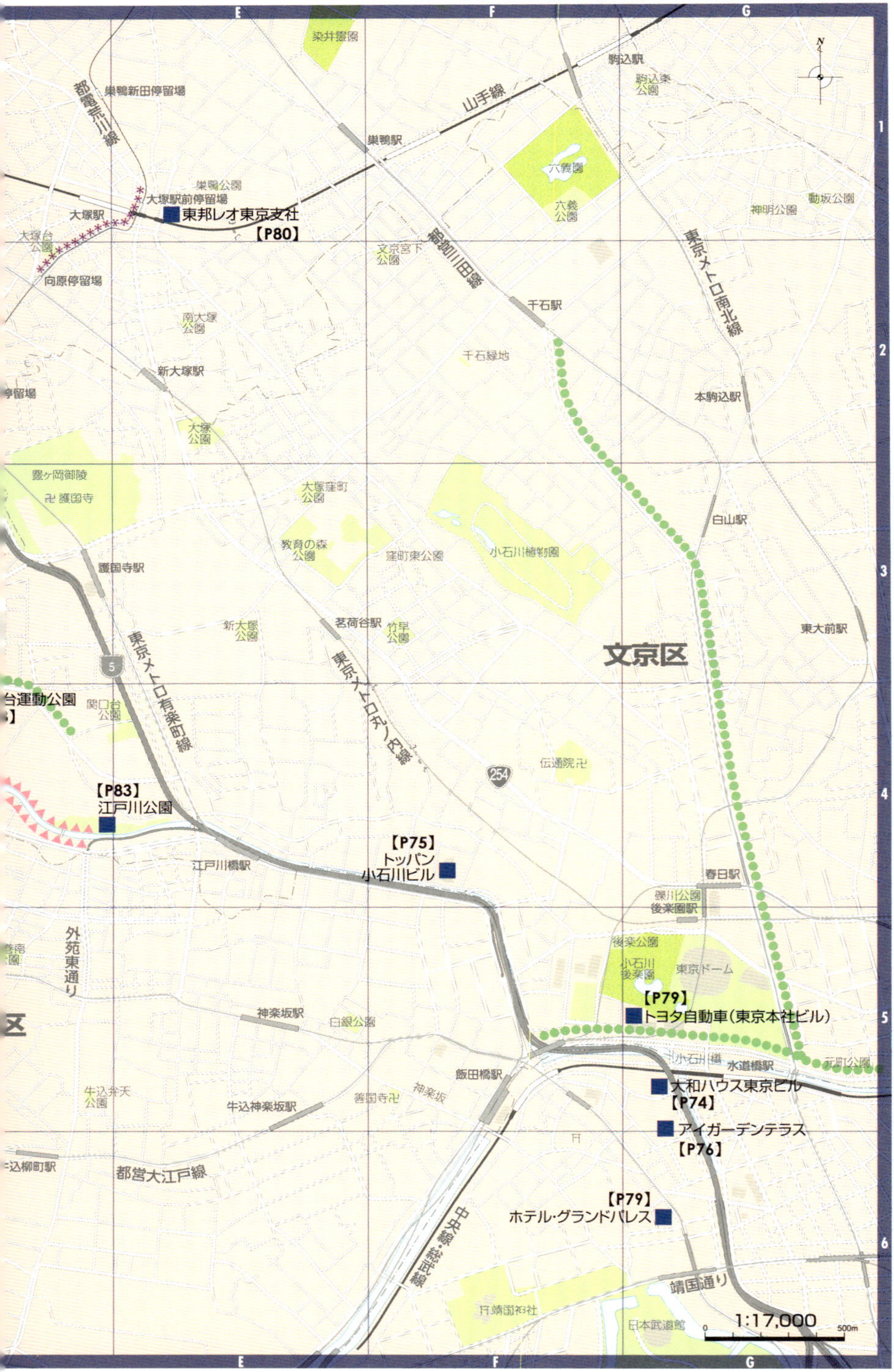

E
F
G
1
2
3
4
5
6
染井霊園
都電荒川線
巣鴨新田停留場
山手線
駒込駅
駒込東公園
巣鴨駅
六義園
六義公園
巣鴨公園
大塚駅前停留場
大塚駅
東邦レオ東京支社
【P80】
大塚台公園
向原停留場
文京宮下公園
都営三田線
神明公園
動坂公園
東京メトロ南北線
千石駅
南大塚公園
千石緑地
新大塚駅
停留場
本駒込駅
大塚公園
豊ヶ岡御陵
護国寺
大塚窪町公園
白山駅
教育の森公園
窪町東公園
小石川植物園
護国寺駅
茗荷谷駅
竹早公園
新大塚公園
東大前駅
東京メトロ有楽町線
東京メトロ丸ノ内線
文京区
5
台運動公園
関口台公園
伝通院
254
【P83】
江戸川公園
【P75】
トッパン
小石川ビル
江戸川橋駅
春日駅
礫川公園
後楽園駅
外苑東通り
後楽公園
小石川後楽園
東京ドーム
【P79】
トヨタ自動車(東京本社ビル)
神楽坂駅
白銀公園
区
小石川橋
水道橋駅
元町公園
大和ハウス東京ビル
【P74】
飯田橋駅
牛込弁天公園
善国寺
神楽坂
牛込神楽坂駅
アイガーデンテラス
【P76】
牛込柳町駅
都営大江戸線
【P79】
ホテル・グランドパレス
中央線・総武線
靖国通り
靖国神社
日本武道館
1:17,000
0
500m

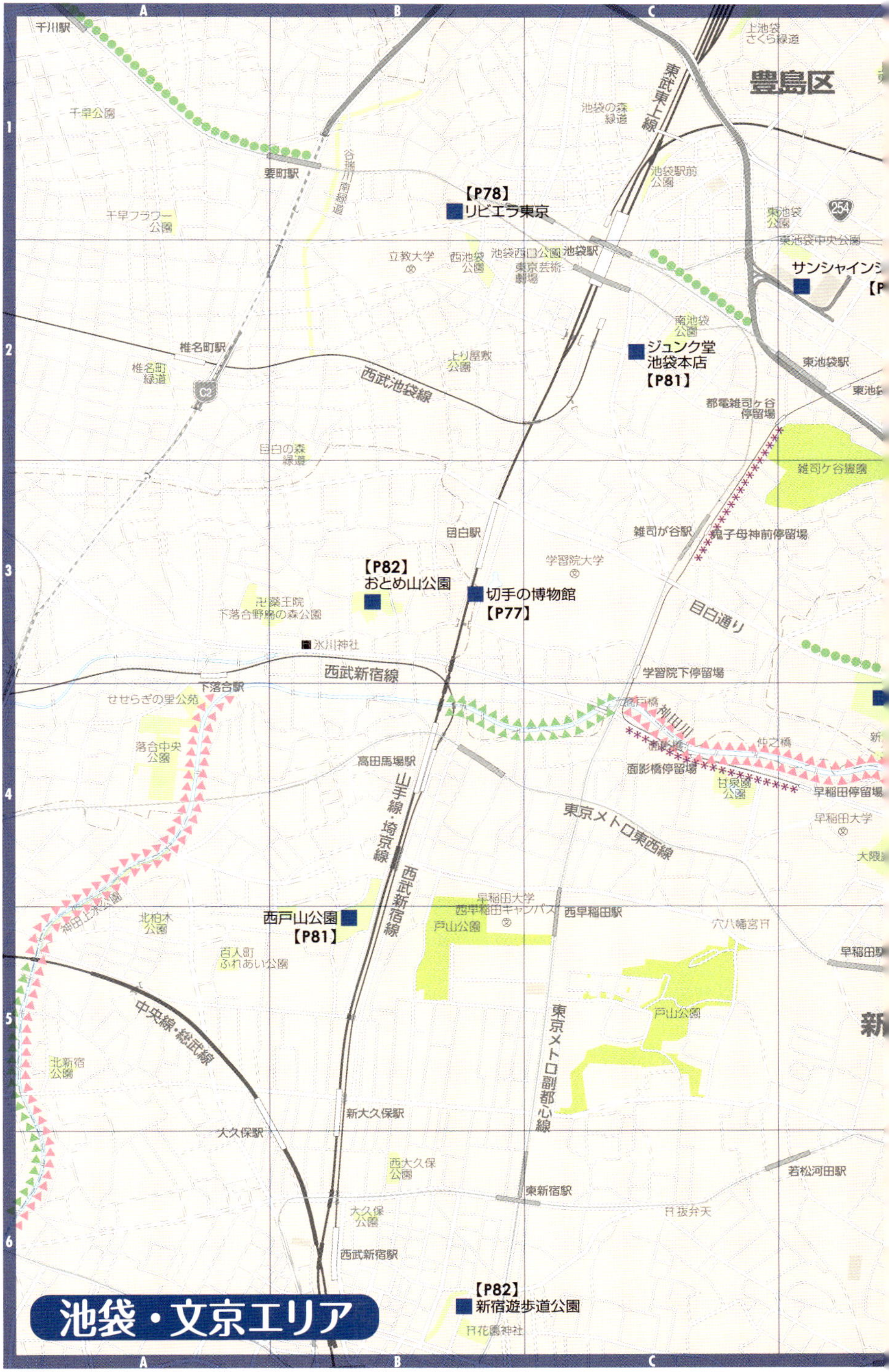
池袋・文京エリア
豊島区
【P78】
リビエラ東京
【P82】
おとめ山公園
切手の博物館
【P77】
ジュンク堂
池袋本店
【P81】
西戸山公園
【P81】
【P82】
新宿遊歩道公園
サンシャイン
千川駅
要町駅
椎名町駅
池袋駅
東池袋駅
目白駅
雑司が谷駅
下落合駅
高田馬場駅
西早稲田駅
新大久保駅
大久保駅
東新宿駅
西武新宿駅
若松河田駅
東武東上線
西武池袋線
西武新宿線
山手線・埼京線
中央線・総武線
東京メトロ東西線
東京メトロ副都心線
目白通り
神田川
千早公園
千早フラワー公園
椎名町緑道
目白の森緑道
谷端川南緑道
池袋の森緑道
上池袋さくら緑道
池袋駅前公園
東池袋公園
東池袋中央公園
立教大学
西池袋公園
池袋西口公園
東京芸術劇場
南池袋公園
上り屋敷公園
都電雑司ケ谷停留場
雑司ケ谷霊園
鬼子母神前停留場
学習院大学
薬王院
下落合野鳥の森公園
氷川神社
せせらぎの里公苑
落合中央公園
学習院下停留場
面影橋停留場
甘泉園公園
早稲田停留場
早稲田大学
大隈
神田上水公園
北柏木公園
百人町ふれあい公園
早稲田大学
西早稲田キャンパス
戸山公園
穴八幡宮
北新宿公園
西大久保公園
大久保公園
抜弁天
花園神社
254
C2

新宿エリア
新宿アイランド
【P85】
新宿三井ビルディング 55 HIROBA
【P90】
新宿センタービル
【P87】
新宿中央公園
【P93】
エステック情報ビル
【P90】
新宿モノリス
【P88】
【P91】
伊勢丹新宿本店
屋上 アイガーデン
新宿マルイ 本館
屋上庭園 Q-COURT
【P91】
【P86】
新宿イーストサイドスクエア
玉川上水·内藤新宿分水散歩道
【P92】
タカシマヤ
タイムズスクエア
【P89】
【P92】
新国立劇場
税務署通り
青梅街道
公園通り
中央通り
甲州街道
山手通り
明治通り
靖国通り
新宿通り
中央線・総武線
山手線・埼京線
西武新宿線
都営大江戸線
東京メトロ丸ノ内線
東京メトロ副都心線
都営新宿線
京王新線
京王線
小田急小田原線
山手線
東新宿駅
西武新宿駅
西新宿駅
新宿西口駅
都庁前駅
新宿駅
新宿三丁目駅
南新宿駅
代々木駅
初台駅
参宮橋駅
北参道駅
西大久保公園
大久保公園
新宿区
新宿区役所
花園神社
花園公園
サザンテラス
新宿御苑
代々木緑道
玉川上水旧水路緑道
参宮橋公園
明治神宮
渋谷区
1:10,000
0
300m

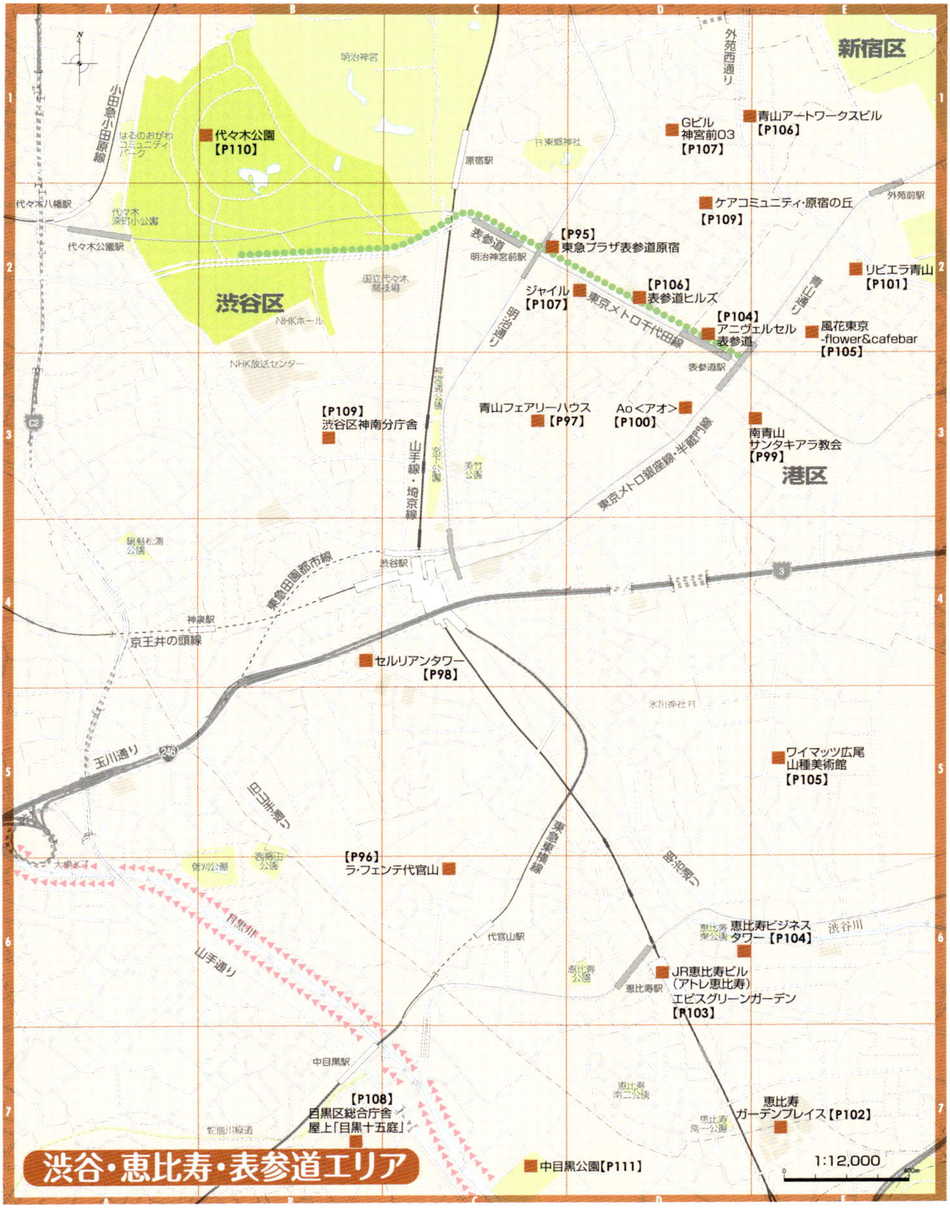
渋谷・恵比寿・表参道エリア
1:12,000
新宿区
渋谷区
港区
代々木公園
【P110】
Gビル
神宮前03
【P107】
青山アートワークスビル
【P106】
ケアコミュニティ・原宿の丘
【P109】
【P95】
東急プラザ表参道原宿
リビエラ青山
【P101】
ジャイル
【P107】
【P106】
表参道ヒルズ
【P104】
アニヴェルセル
表参道
風花東京
-flower&cafebar
【P105】
【P109】
渋谷区神南分庁舎
青山フェアリーハウス
【P97】
Ao＜アオ＞
【P100】
南青山
サンタキアラ教会
【P99】
セルリアンタワー
【P98】
ワイマッツ広尾
山種美術館
【P105】
【P96】
ラ・フェンテ代官山
恵比寿ビジネス
タワー【P104】
JR恵比寿ビル
（アトレ恵比寿）
エビスグリーンガーデン
【P103】
【P108】
目黒区総合庁舎
屋上「目黒十五庭」
恵比寿
ガーデンプレイス【P102】
中目黒公園【P111】
明治神宮
原宿駅
明治神宮前駅
表参道
表参道駅
外苑前駅
外苑西通り
青山通り
明治通り
東京メトロ千代田線
東京メトロ銀座線・半蔵門線
山手線・埼京線
小田急小田原線
代々木八幡駅
代々木公園駅
NHKホール
NHK放送センター
渋谷駅
東急田園都市線
神泉駅
京王井の頭線
玉川通り
山手通り
目黒川
東急東横線
代官山駅
恵比寿駅
渋谷川
中目黒駅
蛇崩川緑道

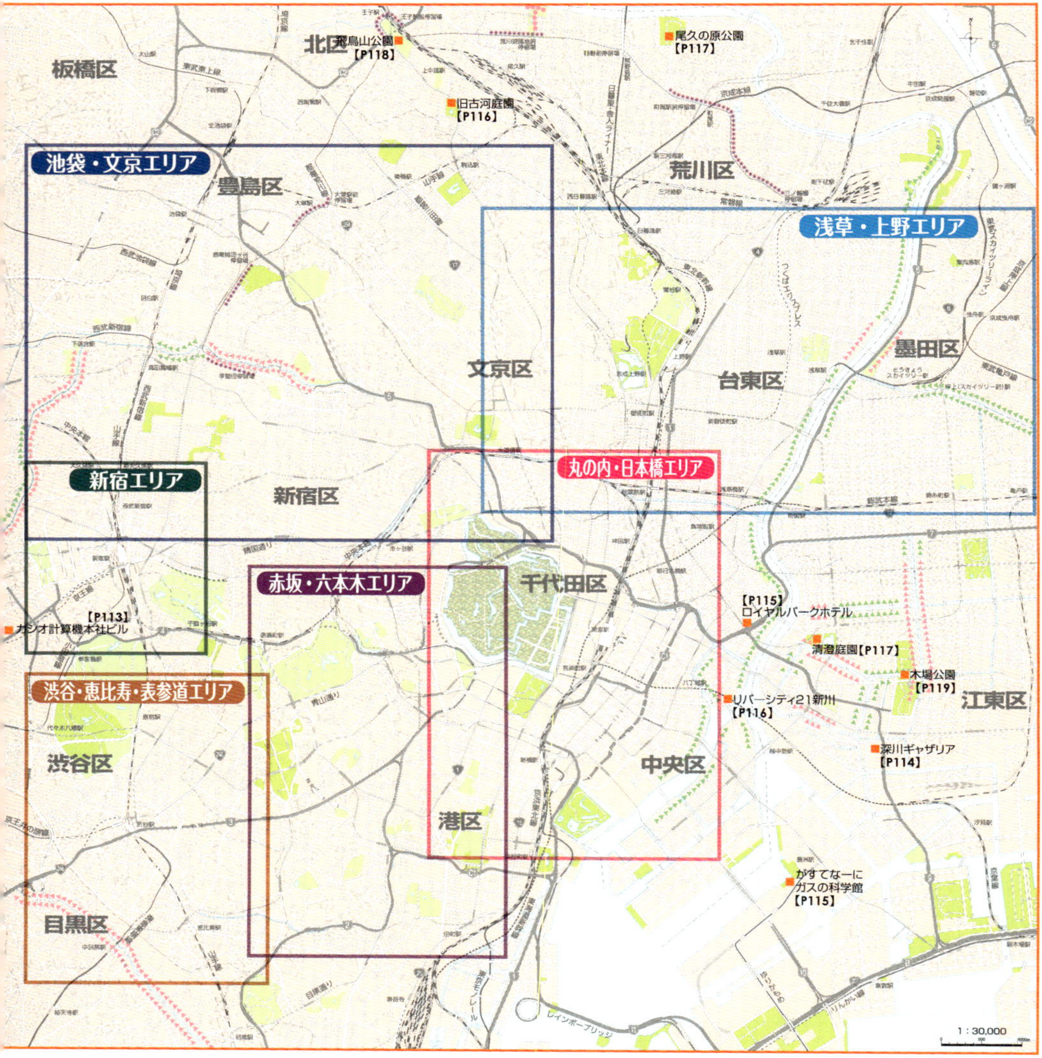

その他のエリア

- シンクパークタワー【P121】
- 経堂コルティ 4F 屋上庭園【P122】
- 玉川高島屋S･C 本館･南館【P123】
- 玉川高島屋S･C マロニエコート【P124】
- 玉川高島屋S･C ガーデンアイランド【P124】
- 杉並区役所【P125】
- 京王リトナード永福町 屋上庭園ふくにわ【P125】
- 井の頭恩賜公園【P126】
- 国営昭和記念公園【P127】

マップ凡例

- 街路樹
- 街路樹（さくら）
- 河川の緑
- 河川の緑（さくら）
- 都電荒川線沿線緑化

マップ資料提供＝第29回全国都市緑化フェア TOKYO実行委員会
マップ作成＝NPO法人屋上開発研究会

丸の内・日本橋

■日本橋高島屋
■パソナグループ本部 アーバンファーム
■日本橋一丁目ビルディング COREDO日本橋
■丸の内ブリックスクエア
■朝日新聞 東京本社
■三井住友海上 ECOM 駿河台
■日本工業大学専門職大学院
■神保町三井ビルディング
■住友商事竹橋ビル
■ニコラス・G・ハイエック センター
■東京交通会館
■汐留シティセンター
■世界貿易センタービルディング
■日経ビル・JA ビル・経団連会館 スカイガーデン
■つきじ治作
■晴海トリトンスクエア
■電通築地ビル
■住友商事美土代ビル
■三越日本橋本店 屋上チェルシーガーデン
■新丸ビル
■espressamente illy 日本橋中央通り店
■東京国際フォーラム
■有楽町イトシア
■東京サンケイビル
■東京汐留ビルディング
■浜松町松永ビル
■ブラザー工業㈱ ブラザー東京ビル
■三越銀座店屋上９階銀座テラス／テラスガーデン
■松屋銀座 屋上菜園
■聖路加国際病院
■フォーデニッシュカフェ 東京国際フォーラム店
■丸の内トラスシティ
■日比谷公園
■旧浜離宮恩賜庭園
■旧芝離宮恩賜庭園
■中央区役所

■所在地／中央区日本橋 2-4-1
■問合せ／ ☎03-3211-4111
www.takashimaya.co.jp/tokyo

老舗百貨店の屋上に
和洋折衷のやすらぎの空間

日本橋髙島屋

Takashimaya Nihombashi Department Store

昭和8年の開業以来、訪れる人に癒しを提供し続けている屋上庭園。季節の花を楽しめるよう、花壇では随時植え替えが行われ、噴水の水しぶきが美しさを引き立てます。一方、シャクヤクやマツ、ツツジなどの植栽と、七福神の祭られた七角堂が見られる日本庭園も。春～初夏にかけては身の丈程までに成長したツツジが満開に花を咲かせます。その他、ドッグパークやカフェ、ショップなどの設備も充実。贅沢な一時を楽しめる至高の空間です。

屋上

主な植栽

シラカバ、バラ、シャクヤク、
マツ、ツツジなど

【アクセス】 銀座線・東西線ほか「日本橋駅」B2 出口直結、JR「東京駅」八重洲北口より徒歩5分
【見学】 自由、開園時間 10:00 ～ 20:00

■所在地／千代田区大手町 2-6-4
■問合せ／☎03-6734-1260
www.pasona-nouentai.co.jp

東京・大手町の一角に
一際目立つ「緑のビル」

パソナグループ本部 アーバンファーム

Urban Farm

東側と南側の壁面に、計200種の植物による大々的な緑化が施されたビル。白やグレーが大半を占める大手町にあって、その存在感は際立ち、一度見たら忘れられません。近づいて壁面を見上げれば、その植栽の多様さと高い密度に気づけます。中には、季節によって花を付けているものもあります。その他、館内1階には池を設け、随所に植物を配置。野菜や稲藁などの展示スペースもあり、自然との共存を意識していることがよくわかります。

壁面

主な植栽

バラ、フジ、モモなど

【アクセス】 丸の内線・千代田線「大手町駅」より徒歩１分、銀座線・半蔵門線「三越前駅」より徒歩２分、銀座線・東西線ほか「日本橋駅」より徒歩２分
【見学】 外観自由、館内は1･2階のみ見学可能、ビル開館時間は 9:30 ～ 17:30(土日祝は休館)

■所在地／中央区日本橋 1-4-1
■問合せ／なし

東京都心、花と緑に包まれた
デザイン性豊かな親水広場

日本橋一丁目ビルディング（COREDO 日本橋）

COREDO Nihombashi

COREDO日本橋の裏手、1階カフェテラスは緑と水路に囲まれた公開空地となっています。ケイトウ、コスモスなどの色とりどりの花と、中低木の鮮やかな緑が彩りを添え、高低差やウッドデッキ、水路を活かしたデザインが、お洒落で快適な広場景観を形作っています。水路や植栽の傍には背もたれつきのベンチやテーブルセットを多く配置しており、午後の一休みに最適。涼しげな水音を聞きながら、木陰でゆっくりと羽を伸ばせます。

屋上　壁面　空地

主な植栽

ヤマモミジ、サクラ、ソヨゴ、シラカシ
エゴノキ、モウソウチクなど

【アクセス】 銀座線・東西線ほか「日本橋駅」直結、銀座線・半蔵門線「三越前駅」より徒歩3分、JR「東京駅」より徒歩６分
【見学】 自由

■所在地／千代田区丸の内 2-6-1
■問合せ／丸の内コールセンター ☎03-5218-5100
www.marunouchi.com/brick

三菱一号館美術館前に広がる
バラと緑の快適空間

丸の内ブリックスクエア

Marunouchi BRICK SQUARE

高層ビル郡の谷間に位置する、丸の内の「オアシス」とでも言うべき広場です。円柱をぐるりと覆う壁面緑化「プランテッド・コラム」にはドライミストが設置され、広場に潤いと清涼感を提供します。多彩な色のバラが植栽されており、花の咲くシーズンには一層美しさが際立ちます。丸の内という立地だけに、周辺の飲食店やショップなどは大変充実。お昼時には老若男女問わず多くの人が訪れ、疲れを癒し、草花の魅力を堪能しています。

壁面　空地

主な植栽

オールドローズなど

【アクセス】JR ほか「東京駅」より徒歩5分、千代田線「二重橋前駅」より徒歩3分、日比谷線・千代田線ほか「日比谷駅」より徒歩 4 分
【見学】自由

■所在地／中央区築地 5-3-2
■問合せ／ www.asahi.com/shimbun/

段々状の土地に豊富な植栽
築地の「深緑の丘」

朝日新聞 東京本社

Asahi Shimbun Tokyo Head Office

築地市場の目の前、豊かな樹木と下草が生育し、ビルに向かって階段状に高くなっていく造りが特徴。夏場には、こんもり茂った樹木と静かな小川の流れが清涼感を生み、お昼時の休憩には最適です。植物種はハナミズキ、枝垂桜、オリーブ、ツツジなど非常に多彩。多くの樹木には解説のプレートが付けられているので、散策する内に樹木の特徴や違いが自ずとわかるようになることも。植物園感覚で見て回っても楽しい公開空地です。

空地

主な植栽

ケヤキ、カリン、モミジ、サルスベリ、デイゴ、ヒバなど

【アクセス】都営大江戸線「築地市場駅」より徒歩1分、日比谷線・都営浅草線「東銀座駅」より徒歩9分、日比谷線「築地駅」より徒歩9分
【見学】自由、7:00 ～ 21:00

■所在地／千代田区神田駿河台 3-11-1
■問合せ／☎03-3259-3135

深緑に覆われたコミュニケーションスペースで
地球環境を改めて考える

三井住友海上「ECOM 駿河台」

ECOM SURUGADAI

「ECOM駿河台」は三井住友海上駿河台新館の敷地西隣に併設された、緑で覆われた環境コミュニケーションスペースです。地域の方やステークホルダーと交流を深める場として、環境をメインテーマとしたパネル展示や、各種イベントを運営しています。また、前庭広場では、在来種を中心に野鳥やチョウ等が好む樹木を植栽し、生物多様性の保全にも配慮しています。1階にあるカフェでひと休みしながら、日本の自然を満喫してみましょう。

写真:三井住友海上火災保険㈱

空地

主な植栽

サクラ（スルガダイオニなど）、エゴノキ、エノキ、クロガネモチ、シラカシなど

【アクセス】 JR 総武線「御茶ノ水駅」聖橋口より徒歩5分、千代田線「新御茶ノ水駅」・都営新宿線「小川町駅」･丸の内線「淡路町駅」B3 出口より徒歩2分
【見学】 自由、開館時間は平日 10:00 ～ 17:00。

■所在地／千代田区神田神保町 2-5
■問合せ／ ☎03-3511-7591（代）
mot.nit.ac.jp

限られたスペースを活かした
壁面&屋上緑化

日本工業大学専門職大学院

Nippon Institute of Technology Graduate School for Management of Technology

道路に面した壁面を、ビナンカズラ、キヅタによって一部緑化。限られた面積ながらも、合計6箇所で植物が育っています。その他、屋上にはススキやアブラナといった草本植物の広場があり、学生専用の憩いの場となっています。屋上には木製のベンチを数点配置。神保町の町並みが一望できるほか、東京駅周辺の高層ビル群もよく見えます。

壁面

主な植栽

ビナンカズラ、キヅタなど

【アクセス】 半蔵門線・都営新宿線ほか「神保町駅」より徒歩１分、「九段下駅」より徒歩６分、東西線「竹橋駅」より徒歩８分
【見学】 屋上は原則非公開

■所在地／千代田区神田神保町 1-105
■問合せ／神保町三井ビルディング管理組合
☎03-3233-4100
www.jinbochomitsui.com

緑の広がる噴水広場で
午後の休憩時間を満喫

神保町三井ビルディング

Jinbocho Mitsui Building

敷地を囲うようにクスノキを植樹。サルスベリやイロハモミジ、ツツジなどの中低木や、ヤブランなどの下草も充実した植物種の豊富な公開空地です。秋田県角館の旧家の庭より譲り受けた、樹齢約190年の由緒ある紅枝垂桜の木も見られます。広場には水が流れているほか、花壇が設けられた場所も（左下写真）。随所にベンチが配置されているほか、1階入口前にはコーヒーショップがあるので、休憩にはピッタリのスポットです。

空地

主な植栽

クスノキ、イロハモミジ、タブ、
オオムラサキツツジ、フッキソウなど

【アクセス】半蔵門線・都営新宿線ほか「神保町駅」より徒歩１分、千代田線「新御茶ノ水駅」より徒歩５分、JR「御茶ノ水駅」より徒歩８分
【見学】自由

■所在地／千代田区一ツ橋１丁目2-2
■問合せ／住商ビルマネージメント㈱
☎03-5282-2341

豊富な植栽とデザイン性で
東京都からの表彰歴あり

住友商事竹橋ビル

Sumitomo Corporation Takebashi Bld.

皇居と首都高を間近に望む都会の真っ只中につくられた、花と緑の癒し空間です。植栽樹種は庭園中央のサルスベリを軸に、多様な種類のサクラなど中低木を交えて全110種以上。四季を通じて楽しめるように植えた花壇や、壁面緑化、ビル裏手の喫煙所周辺の植栽など、緑化のジャンルは多彩です。平成22年には、特に優れた都市緑化の取り組みとして「東京都緑の大賞 既開発地の緑化部門 部門賞」を授与されています。

壁面 空地

主な植栽

コヒガンザクラ、ヤマザクラ、シダレザクラ、サルスベリ、ハナミズキなど

【アクセス】 東西線「竹橋」駅より徒歩1分、半蔵門線・都営三田線・都営新宿線「神保町」駅より徒歩5分
【見学】 自由

■所在地／中央区銀座 7-9-18
■問合せ／スウォッチ グループ ジャパン㈱ ☎03-6254-7200
www.swatchgroup.jp

屋内緑化の概念を変えた
緑あふれる空間

ニコラス・G・ハイエック センター

Nicolas G.Hayek Center

スイスの時計メーカー「スウォッチ グループ ジャパン」の本社ビル。設計者である坂 茂氏がイメージしたのはNYの街中にあるポケット・パーク。庭をつくるスペースがなかったため庭を壁から吊るすという大胆な発想により、銀座中央通に緑の空間が出現した屋内緑化です。現代の都市の中心に庭を設計する際のまったく新しい方法と坂氏が言うように、都会の喧騒の中、植物の放つ色や香りは心地よい空間をつくり爽やかな空気で満たされています。

壁面

主な植栽

シマトネリコ、オリヅルラン、タマシダ、トラディスカンチア、ヘデラなど

【アクセス】 銀座線・丸の内線ほか「銀座駅」より徒歩 3 分
【見学】 自由（店舗部）、営業時間 11:00 ～ 20:00（日祝は 19:00 まで）

■所在地／千代田区有楽町 2-10-1
■問合せ／ ☎03-3212-2931
www.kotsukaikan.co.jp

有楽町駅前を一望できる
東西に広がる屋上庭園

東京交通会館

TOKYO KOTSU KAIKAN

有楽町駅前の百貨店が立ち並ぶ広場の一角に位置し、3階に2つの屋上庭園が広がっています。駅側の広場は「有楽町コリーヌ 木のテラス」と名づけられ、その名の通りウッドデッキが広がり、木製のベンチが置かれています。パラソルつきのカフェテラスもありますので、有楽町駅周辺のビル群を見ながらティータイムを楽しめます。反対の高速道路側にも広場が広がり、こちらは石畳を使用。プランターなどが随所に設置されています。

屋上

主な植栽

特になし（季節ごとに植え替えしています）

【アクセス】JRほか「有楽町駅」より徒歩１分、
有楽町線 「銀座一丁目駅」 より徒歩２分
【見学】 自由。 開園時間 10:00 ～ 18:00
（開園時間は季節等により変更あり）

■所在地／港区東新橋 1-5-2
■問合せ／汐留シティセンター　☎03-5568-3215
www.shiodome-cc.com

緑の風が吹くカフェテラスで
優雅で落ち着いた一時を

汐留シティセンター

Shiodome City Center

太陽の光を浴びてブルーに輝く超高層ビルは、汐留においても一際目立ちます。曲線美を活かした先進的な外観の足元の植栽は、超高層ビルに吹き込む強い海風を弱め、そよ風を通すことによって街を冷やすように考えられています。また、復元駅舎周辺の緑は、往時のたたずまいを意識し、その時代に植えられていた樹種を中心に構成されています。洗練されたビルのデザインと昔懐かしい復元駅舎、そして、この地に元々あったかのような樹木群が作り出す景観は必見です。

写真:三井不動産㈱

空地

主な植栽

タブノキ、エノキなど

【アクセス】 都営大江戸線「汐留駅」・ゆりかもめ「新橋駅」より徒歩1分、都営浅草線「新橋駅」より徒歩２分、JR・銀座線「新橋駅」より徒歩３分
【見学】 自由（11:00～21:00）

■所在地／港区浜松町 2-4-1
■問合せ／☎03-3435-3470（管理部）
www.wtcbldg.co.jp

駅直結、バスターミナルも近い
多様な緑を有する広場

世界貿易センタービルディング

World Trade Center Building

高層ビルの谷間、3階の人工庭園にはヤツデ、キョウチクトウ、ウメ、モッコク、ツツジなどが植栽され、日差しを遮るフジ棚も設けられています。西日のよく当たる壁面には、ツタ類による壁面緑化が約300㎡にわたって施されているなど、広範囲に緑が広がっています。ベンチも多数配置されているほか、喫煙エリアもあり、ビジネスマンたちにとって欠かせない憩いの場となっています。ビルは浜松町駅および大門駅と直結しており、足を運びやすい立地です。

壁面 空地

主な植栽

ヤツデ、キョウチクトウ、モッコク、ウメ、
フジ、オオムラサキツツジ、ヘデラなど

【アクセス】JR「浜松町駅」都営浅草線・大江戸線「大門駅」直結、ゆりかもめ「竹芝駅」より徒歩９分
【見学】自由、開園時間は平日8:30～20:00、土曜日8:30～18:00

■所在地／千代田区大手町 1-3- 1,2,7
■問合せ／全体共用部管理事務所 ☎03-5218-1002

川のせせらぎと豊かな緑
日本の原風景を屋上に再現

日経ビル・JA ビル・経団連会館（スカイガーデン）

Nikkei Building・JA Building・Keidanren Kaikan（Sky Garden）

密度の濃い緑の間を小川が流れる屋上庭園は、さながら日本の里山風景のよう。シダレヤナギ、ヒメリンゴ、キンカンといった樹木のほか、キキョウ、オカトラノオ、ノコンギクなどの草本植物も所狭しと生育しており、トンボを始めとした昆虫や野鳥も多く訪れます。水田では稲作が行われ、収穫後は大手町の神社に奉納されます。また、ビルの外壁には壁面緑化の施された部分もあります（左下写真）。

屋上　壁面

主な植栽

イロハモミジ、シラカシ、スダジイ、ケヤキ
エゴノキ、ヒメリンゴ、チャノキなど

【アクセス】 丸の内線・千代田線「大手町駅」より徒歩２分、東西線「竹橋駅」より徒歩３分、千代田線「新御茶ノ水駅」より徒歩８分
【見学】 開園時間 平日 10:00 ～ 16:00
（雨天閉鎖）

■所在地／中央区明石町 14-19
■問合せ／ ☎03-3541-2391
www.jisaku.co.jp

つきじ治作

Tsukiji Jisaku

創業は昭和6年。江戸の文化を今に継承する、閑静な築地の住宅街の一角に位置する老舗料亭です。豊かに育ったツタが壁面を覆い、江戸の雰囲気を醸し出す建物と共に、落ち着いた品格の高さを演出しています。

壁面

主な植栽

ヒメイタビカズラ、
スダジイ、カヤなど

【アクセス】 日比谷線「築地駅」より徒歩8分、有楽町線「新富町駅」より徒歩9分
【見学】 見学は 10:00 ～ 17:00、営業時間は平日 17:00 ～ 22:00、土曜日 11:00 ～ 22:00、日曜日・祝日 11:00 ～ 18:00

■所在地／中央区晴海 1-8
■問合せ／晴海トリトンスクエア ☎03-3531-2810
www.harumi-triton.jp

晴海トリトンスクエア

Harumi Triton Square

「水のテラス」「緑のテラス」「花のテラス」が設けられ、3棟のオフィスビルや商業施設を囲い、彩りを添えます。広い敷地に豊富な草花が植栽され、各種イベント会場やテレビのロケ現場としても利用されている人気スポットです。

空地

主な植栽

ハナミズキ、サルスベリ、ミモザ、
各種アジサイ、ツツジ類、ハーブ類など

【アクセス】 大江戸線「勝どき」駅より徒歩４分、「月島」駅より徒歩９分
【見学】 自由

電通築地ビル

Dentsu Tsukiji Building

■所在地／中央区築地 1-11-10
■問合せ／㈱電通テック　☎03-5551-8888
www.dentsutec.co.jp

ビルの周囲を植栽が囲い、石造りのベンチが設置されています。高層ビルが立ち並ぶ立地ながらも日当たりがよいため、涼しい春先や秋時には日向ぼっこに適しています。近くにはコンビニや飲食店なども充実しています。

空地

主な植栽

クルメツツジ、イヌツゲ、ヤマモモ、ハナミズキ、ドウダンツツジ、サツキなど

【アクセス】有楽町線「新富町駅」より徒歩3分、日比谷線「築地駅」より徒歩3分、「東銀座駅」より徒歩3分
【見学】自由

住友商事美土代ビル

Sumitomo Corporation Mitoshiro Bld.

■所在地／千代田区神田美土代町1番地
■問合せ／住商ビルマネージメント㈱
☎03-5282-2341

ビル全体を囲う花壇に、中低木や草花をふんだんに植栽。季節の花が咲き、蜜を求めてチョウが訪れます。豊富な緑と鮮やかな色彩の花々が、道行く歩行者の目を楽しませ、一時の癒しを提供してくれます。

空地

主な植栽

コキア、アンゲロニア、プルンバーゴなど

【アクセス】都営新宿線「小川町」駅より徒歩2分、千代田線「新御茶ノ水」駅より徒歩3分、丸の内線「淡路町」駅より徒歩5分、JR線「神田」駅より徒歩8分
【見学】自由

■所在地／中央区日本橋室町 1-4-1
■問合せ／☎03-3241-3311（代）
www.mitsukoshi.co.jp

三越日本橋本店
屋上チェルシーガーデン

MITSUKOSHI Nihombashi Main Store
Chelsea Garden

四季折々の多彩な風情と花木が展開される、約430坪の屋上庭園です。また「Quality of life 植物と共に潤いのある生活」をコンセプトに、各種園芸ショップのほか、園芸講座、展示会、お庭相談なども行っています。

写真：㈱三越伊勢丹

屋上

主な植栽

シマトネリコ、ニセアカシア、
サクラなど

【アクセス】銀座線・半蔵門線「三越前駅」より徒歩１分、銀座線・東西線・浅草線「日本橋駅」（B12出口）より徒歩５分、「新日本橋駅」より徒歩７分
【営業時間】10:00～19:00
営業日・営業時間は変更の場合あり

■所在地／千代田区丸の内 1-5-1
■問合せ／丸の内コールセンター　☎03-5218-5100
www.marunouchi.com/shinmaru

新丸ビル

Shin-Marunouchi Building

オフィスゾーンと約150店舗の商業ゾーンなどからなる複合ビル。1階駐車場入口近辺に、約20平米にわたって壁面緑化が配置されています。その他にも、ビル内外に緑化や環境配慮の仕組みが多く取り入れられています。

壁面

主な植栽

ヘデラ ゴールデンチャイルド、
ハツユキカズラ、ツルコウジなど

【アクセス】JRほか「東京駅」より徒歩1分、丸の内線・千代田線ほか「大手町駅」より徒歩３分、千代田線「二重橋前駅」より徒歩４分
【見学】自由、開店時間はWebサイト参照

■所在地／中央区日本橋 2-5-13　日本橋富士ビル1F
■問合せ／☎03-3510-6580
espressamenteilly.jp

espressamente illy 日本橋中央通り店

Ueno MATSUZAKAYA PRKING-PLACE 24

日本橋駅出口よりすぐ、エントランスから入って右手のカウンター奥の壁が壁面緑化となっています。複数種の植物を用いているために立体的で存在感があり、天井が高くてスタイリッシュなお店の雰囲気にもマッチしています。

壁面

主な植栽

コンシンネ・ホワイボリー、アビス、オキシカルジューム、グズマニアなど（季節によって異なります）

【アクセス】銀座線･東西線ほか「日本橋駅」直結、銀座線・半蔵門線「三越前駅」より徒歩4分
【見学】年中無休、開店時間は平日・土曜 7:00 ～ 22:30 、日・祝 7:00 ～ 21:00

■所在地／千代田区丸の内 3-5-1
■問合せ／☎03-5221-9000
www.t-i-forum.co.jp

東京国際フォーラム

Tokyo International Forum

ガラス棟を軸に、有楽町駅前のランドマークとして有名な総合文化施設。ビルの間に樹木とベンチが並びます。常に日陰ができるため、真夏日の休憩に大変適したスポットです。平日お昼時にはケータリングカーが賑やかに並びます。

空地

主な植栽

ケヤキ、カツラなど

【アクセス】JR ほか「有楽町駅」より徒歩1分、「東京駅」より徒歩5分、日比谷線･都営三田線「日比谷駅」より徒歩5分
【見学】自由

■所在地／千代田区有楽町 2-7-1
■問合せ／なし
www.itocia.jp

有楽町イトシア

Yurakucho ITOCiA

ヘデラカナリエンシスによる大型壁面緑化が3箇所。ヘデラヘリックスによる身の丈ほどの壁面緑化がビルを囲う形で随所に配置されています。中低木の植栽と共に、有楽町駅前の広場に視覚的清涼感をもたらしています。

壁面

主な植栽

ヘデラカナリエンシス、
ヘデラヘリックスなど

【アクセス】 JR・有楽町線「有楽町駅」より徒歩 1 分
【見学】 自由、開店時間は Web サイト参照

■所在地／千代田区大手町 1-7-2
■問合せ／☎03-3212-8166（東京ビル営業部）
www.sankeibldg.co.jp/tsb/

東京サンケイビル

Tokyo Sankei Building

ビル全体を囲う形でシラカシを植栽。シダレザクラ、オタフクナンテンなども見られます。一際目立つオレンジの彫刻「イリアッド・ジャパン」の周辺にはローズマリーやラベンダーが植えられ、色と香りを楽しめます。待ち合わせなどに最適です。

空地

主な植栽

シラカシ、シダレザクラ、ナンテン、
ハマヒサカキ、ラベンダーなど

【アクセス】 丸の内線・千代田線ほか「大手町駅」直結、JR ほか「東京駅」丸の内北口より徒歩 7 分、東西線「竹橋駅」より徒歩 7 分
【見学】 自由

■所在地／港区東新橋 1-9-1
■問合せ／ ☎03-5511-2255
www.mori-trust.co.jp/project/shiodome_top.html

東京汐留ビルディング

TOKYO SHIODOME BUILDING

浜離宮恩賜庭園に面し、抜群の景観を誇る東京汐留ビルディング。2階外構部が浜離宮及び東京湾方面を望めるデッキとして整備されています。デッキにはオリーブやナツミカンの木が配置され、絶好の眺望とともに上質な空間を演出しています。

写真:森トラスト㈱

空地

主な植栽

オリーブ、ナツミカンなど

【アクセス】ゆりかもめ「汐留駅」より徒歩1分、JR「新橋駅」より徒歩7分
【見学】写真・ビデオ撮影および団体様での来館は、ビル利用者の妨げとなりますので、ご遠慮ください。

■所在地／港区浜松町 2-1-17
■問合せ／開光不動産㈲ ☎03-3578-8807
www.matsunaga-building.co.jp
Mail：info@matsunaga-building.co.jp

浜松町松永ビル

Matsunaga Building

ロケット型の概観が特徴。日本においていち早く壁面緑化を採用した建物と言われ、建物完成と同時に(財)都市緑化基金より同年度審査委員長賞を受賞しました。テイカカズラやツリガネカズラなど計7種の植物を植栽しています。

壁面

主な植栽

カロライナジャスミン、ムベ、
テイカカズラ、ツキヌキニンドウなど

【アクセス】「大門駅」より徒歩1分、JR ほか「浜松町駅」より徒歩4分、「芝公園駅」より徒歩8分
【見学】外観は自由、内側（室内）からの場合には電話またはメールで要事前連絡、土日祝は休館

■所在地／中央区京橋 3-3-8
■問合せ／☎03-3281-4121（代）
www.brother.co.jp

ブラザー工業（株）
ブラザー東京ビル
BROTHER INDUSTRIES,LTD.
BROTHER TOKYO BUILDING

高速道路に面したビルの南側に壁面緑化が施されています。1、2階はショールームとなっており、1階は主に複合機の展示、2階では同社がCSRの一環として取り組んでいる植樹活動などの内容を知ることができます。

壁面

主な植栽

ヘデラ・カナリエンシス
ヘデラ・ピッツバーグ

【アクセス】 銀座線「京橋駅」より徒歩2分、有楽町線「銀座一丁目駅」より徒歩2分、都営浅草線「宝町駅」より徒歩3分
【見学】 自由、ショールームは平日 10:00 ～ 18:00

■所在地／中央区銀座 4-6-16
■問合せ／☎03-3562-1111（代）
www.mitsukoshi.co.jp

三越銀座店 屋上
9 階銀座テラス／テラスガーデン
MITSUKOSHI Ginza Store
9F Ginza Terrace ／ Terrace Garden

地上31メートル。芝生と四季の草木が植栽され、日本の季節変化を感じることができる快適な空間です。芝生を囲むウッドデッキにはテーブルと椅子を設置。同フロアの「みのりカフェ」からテイクアウトして食事を楽しむことも可能です。

写真:㈱三越伊勢丹

屋上

主な植栽

ホソバヒイラギナンテン、
キンモクセイなど

【アクセス】 銀座線・丸の内線・日比谷線「銀座駅」直結、有楽町線「銀座一丁目駅」より徒歩 5 分
【見学】 10:00 ～ 23:00 ※一部施設を除く（営業日・営業時間は変更の場合あり）

■所在地／中央区銀座 3-6-1
■問合せ／ ☎03-3567-1211（代）
www.matsuya.com/m_ginza/

松屋銀座 屋上菜園

MATSUYA GINZA

「銀座グリーンプロジェクト」の一環として2007年に誕生。夏にはキュウリ、ピーマン、ナスなどの野菜を育てている屋上菜園があり、刈り取った雑草を自然発酵させた堆肥を用いるなど、環境に配慮した工夫がなされています。

写真:㈱松屋

屋上

主な植栽

夏場にキュウリ、ピーマン、ナスを始めとした野菜を栽培

【アクセス】 銀座線・丸の内線ほか「銀座駅」A12番出口直結、有楽町線「銀座一丁目駅」9番出口より徒歩3分
【見学】 自由、開園時間は店舗の営業時間に準じます

■所在地／中央区明石町 9-1
■問合せ／ ☎03-3541-5151（代）
www.luke.or.jp/

聖路加国際病院

St Luke's International Hospital

隅田川より程近く。庭園・緑地がぐるりと建物を囲い、多くの花が咲き、都会の喧騒を忘れさせてくれます。創立者であるトイスラー院長の記念館（下写真）を中心に、聖路加病院に関わる記念碑やプレートなどがあちこちに点在し、歴史の深さを感じられるスポットです。

写真:聖路加国際病院

空地

主な植栽

サクラ、ツツジなど

【アクセス】 日比谷線「築地駅」より徒歩7分、有楽町線「新富町駅」より徒歩8分
【見学】 自由

■所在地／千代田区丸の内 3-5-1 東京国際フォーラム 1F
■問合せ／ 03-6212-5826
www.pronto.co.jp

フォーデニッシュカフェ 東京国際フォーラム店

4R DANISH CAFE

屋外のテラス席目の前に、複数の植物を配置した立体感溢れる壁面緑化が設けられています。夜間にはライトアップされ、オレンジを基調としたカフェのデザインとのコントラストがさらに引き立ち、美しく演出されます。

写真:㈱プロントコーポレーション

壁面

主な植栽

コンシンネ・ホワイボリー、アビス、オキシカルジューム、グズマニアなど（季節によって異なります）

【アクセス】 JR「有楽町駅」より徒歩２分、「東京駅」より徒歩２分、日比谷線・千代田線ほか「日比谷駅」より徒歩４分
【見学】 年中無休。平日 8:00 ～ 22:00、土日祝 9:00 ～ 18:00（撮影の場合は要事前連絡）

■所在地／千代田区丸の内 1-8-3 他
■問合せ／ ☎03-5511-2255
www.mori-trust.co.jp/marunouchi/index.html

丸の内トラストシティ

MARUNOUCHI TRUST CITY

東京駅に隣接する丸の内トラストシティ。外堀通り方面から街区に入ると、サクラやケヤキ、月桂樹、メグスリノキなどが通路の両手にならび、水と緑が調和した「いこいの広場」へと続いています。初夏にはキエビネやアガパンサスが広場周辺を鮮やかに彩ります。

空地

主な植栽

サクラ、ケヤキ、
月桂樹、キエビネなど

【アクセス】 JRほか「東京駅」より徒歩1分、丸の内線ほか「大手町駅」より徒歩2分、銀座線ほか「日本橋駅」より徒歩4分
【見学】 写真・ビデオ撮影および団体様での来館は、ビル利用者の妨げとなりますので、ご遠慮ください。

■所在地／千代田区日比谷公園 1-6
■問合せ／☎03-3501-6428
日比谷公園サービスセンター

自然とともに安らぎを感じる
都会のオアシス

日比谷公園
Hibiya Park

「都市の公園」として造成された、日本初の「近代的な洋風公園」。平成15年（2003）に開園100年を迎えました。文化の先駆者として公園設計者の意気込みは、第一花壇やイチョウ並木の園路、小音楽堂などに見ることができます。また、公会堂、大音楽堂、図書館などの施設があり、花壇には一年を通して色鮮やかな四季の花が咲き、ビジネス街に勤める人達のいこいの場になっています。

公園

主な植栽

ウメ、イチョウ、ツツジ、ハナミズキ、スズカケノキ、マツなど

【アクセス】東京メトロ丸ノ内線・千代田線「霞ヶ関」、日比谷線「日比谷」下車徒歩２分。JR「有楽町」下車徒歩８分。駐車場（地下公共駐車場、有料）【見学】自由

■所在地／中央区浜離宮庭園 1-1
■問合せ／☎03-3541-0200
浜離宮恩賜庭園サービスセンター

旧浜離宮恩賜庭園

Kyu Hamarikyu Garden

江戸時代の代表的な大名庭園です。庭園は、潮入りの池や鴨場を中心にした南庭と、明治時代以降に造られた北庭とに大別されます。昭和23年(1948)12月には国の名勝及び史跡に、同27年(1952)11月には周囲の水面を含め、国の特別名勝及び特別史跡に指定されました。

庭園

主な植栽

クロマツ、サトザクラ、モミジ、ボタン、ハナショウブ、ヒガンバナなど

都営地下鉄大江戸線「築地市場」「汐留」下車とほ 7 分。JR・東京メトロ銀座線・都営地下鉄浅草線「新橋」下車　徒歩 12 分【見学】9:00 ～ 5:00、年末年始休園。一般 300 円、65 歳以上 150 円

■所在地／港区海岸 1-4-1
■問合せ／☎03-3434-4029
旧芝離宮恩賜庭園サービスセンター

旧芝離宮恩賜庭園

Kyu-Shibarikyu Gardens

小石川後楽園と共に、今東京に残る江戸初期の大名庭園の一つです。回遊式泉水庭園の特徴をよくあらわした庭園で、池を中心とした庭園の区画や石の配置は、非常に優れています。昭和54年(1979)6月には、文化財保護法による国の「名勝」に指定されました。

写真：公益財団法人東京都公園協会

庭園

主な植栽

クスノキ、タブノキ、フジ、ハナショウブ、キキョウ、ハマユウ、ツワブキなど

都営大江戸線、浅草線「大門」下車徒歩 3 分。JR「浜松町」下車徒歩 1 分【見学】9:00 ～ 5:00、年末年始休園。一般 150 円、65 歳以上 70 円

中央区役所

Chuo city office

■所在地／中央区築地 1-1-1
■問合せ／☎03-3546-5234（総務部総務課）
www.city.chuo.lg.jp/

1階部分の窓に沿うように施された中央区庁舎の壁面緑化は、デザインされたシャープな印象を受けます。無表情になりがちなビルの壁面に表情を与え、街の景観向上にも貢献しています。緑化された壁面とされていない壁面の温度状態を表示することで、環境への関心は高まります。

壁面

主な植栽

正面＝フィリフェラオーレア
図書館＝ヘデラカナリエンシス、コトネアスター

【アクセス】東京メトロ有楽町線「新富町」下車徒歩１分【見学】基本的に見学自由

赤坂・六本木

■霞ヶ関東急ビル
■ホテルニューオータニ
■東急キャピトルタワー
■東急虎ノ門ビル
■長谷川グリーンビル
■日本電気本社ビル
■キャノン電子ビル
■アークヒルズ アーク森ビル
■アークヒルズ 仙石山森タワー
■六本木ヒルズ 毛利庭園
■三田国際ビル
■三田 NNビル
■赤坂パークビル
■新青山ビル
■麹町ミレニアムガーデン
■虎ノ門琴平タワー
■虎ノ門２丁目タワー
■神谷町 MTビル
■城山ガーデン
■六本木ティーキューブ
■森永プラザビル
■虎ノ門三井ビル
■霞ヶ関ビルディング
■首都高トランクルーム恵比寿
■新菱冷熱工業本社ビル
■芝公園

■所在地／千代田区霞が関 3-7
■問合せ／ビル事業本部　☎03-5458-0709

超高層ビルの裏手に
雑木林の深緑を再現

霞ヶ関東急ビル

Kasumigaseki Tokyu Building

エントランス裏手には雑木林さながらの豊かな緑地が広がり、東京のビルの敷地内とは思えないほど濃い緑景観が楽しめます。緑地内に設置されたベンチに腰掛ければ、まさに森林浴をしているかのよう。緑がもたらす恩恵を受け、気持ちよく休憩をとることができるはずです。植物種はクスノキ、サルスベリ、ヤマボウシ、カツラなど多数。夏にはサルスベリが花をつけて大変きれいです。また、壁面緑化を施している外壁もあります。（左下写真）

壁面　空地

主な植栽

クスノキ、サルスベリ、
ヤマボウシ、カツラなど

【アクセス】 銀座線・丸の内線ほか「溜池山王駅」より徒歩３分、「国会議事堂前駅」より徒歩４分、銀座線「虎ノ門駅」より徒歩６分
【見学】 自由

■所在地／千代田区紀尾井町 4-1
■問合せ／ ☏03-3265-1111（代）
www.newotani.co.jp/tokyo/

環境配慮と快適さを同時に実現
水・緑・花に彩られる安らぎの場

ホテルニューオータニ

Hotel New Otani

ザ・メイン（本館）の屋上には、芝生のみならず高低木を用いた複合緑化を施しています。また、江戸城外堀に囲まれた約4万㎡の広大な日本庭園（左下写真）は、ホテルニューオータニのシンボルであり、東京名園の1つにも数えられています。四季の花々が咲き乱れ、豊かな樹木が木陰をつくり、池とのコントラストを楽しめます。その他、ホタルの棲むビオトープやローズガーデンなども。都心にあって都会の喧騒から離れられる、貴重な安らぎの場となっています。

写真:ホテルニューオータニ

屋上　空地

主な植栽

【日本庭園】 ツツジ、サザンカ、マツ、クスノキ、サクラ、カエデなど

【アクセス】 銀座線・丸の内線ほか「赤坂見附駅」より徒歩3分、「永田町駅」より徒歩3分、JR・丸の内線ほか「四ツ谷駅」より徒歩８分
【見学】 自由。開園時間 6:00 ～ 22:00

■所在地／千代田区永田町 2-10-3
■問合せ／総合管理事務所　☎03-5532-1191

自然の心地よさを体感できる
和の情緒あふれる緑景観

東急キャピトルタワー

TOKYU CAPITOL TOWER

ホテルエントランス周辺にはタケを植栽。豊かな緑が風に揺られてこすれあう様は、視覚的にも涼しさを感じさせてくれます。タワーの周りには高低差を生かして効果的に緑を配しており、南側歩道からホテルエントランスへと続く散策路には深い樹林と下草を有し、都内にいることを一瞬忘れてしまうほど。日枝神社の鎮守の杜と隣接することで緑のネットワークをつくっています。ホテルレストランから臨む庭園にはマツなどが植えられ、階下からもその豊かな緑を間近に堪能することができます。（左下写真）

屋上　空地

主な植栽

タケ、サクラ、マツなどの「和」を感じさせる植物のほか、四季の植栽をバランスよく配置

【アクセス】 銀座線・南北線「溜池山王駅」、千代田線・丸の内線「国会議事堂前駅」直結
【見学】 散策路:日の出～日の入り、公開空地:自由、庭園：一般立入不可

■所在地／港区虎ノ門 1-21-19
■問合せ／なし

限られた敷地に多彩な緑を…
東京緑化のモデル的事例

東急虎ノ門ビル

Tokyu Toranomon Building

エントランス左の道を奥に進んですぐ右手、ヘデラを軸とした複数の植物による壁面緑化が見えてきます。その周辺および奥の空地には、高密度で中低木を植栽した緑地を配置。ビルの谷間の、決して広くはない敷地ながらも緑の清涼感が溢れています。また、屋上にも壁面緑化を施した部分があり、一部のみですが道路から見上げることで確認できます。都市環境の改善に向け、意欲的に緑を取り入れていることがよくわかります。

壁面

主な植栽

ヤマボウシ、シラカシ、シャラノキなど

【アクセス】銀座線「虎ノ門駅」より徒歩４分、日比谷線・丸の内線ほか「霞が関駅」より徒歩７分、都営三田線「内幸町駅」より徒歩９分
【見学】外観見学は自由。緑地帯および屋上は一般立入不可

■所在地／港区芝公園 3-5-12
■問合せ／㈱長谷川商店　☎03-3431-0045
www.hasegawashouten.co.jp

「木」をモチーフとした壁面緑化で
環境と景観美の改善を両立

長谷川グリーンビル

Hasegawa Green Building

道路を挟んで、少し遠くから見上げてみましょう。幹の部分と葉の部分がハッキリと見え、1本の木をイメージした壁面緑化であることがよくわかります。3つの◯（マル）はLEDランプで、これもまた良いアクセント。ヒートアイランド対策から、ビル景観を向上させるツールへ……壁面緑化の面白さを追求したお花屋さんの本社ビルです。植栽にはヘデラ、オウゴンテイカカズラ、アベリアなどを使用。夜にはライトアップされ、また違った美しさを楽しめます。

写真:㈱長谷川商店

壁面

主な植栽

ヘデラ、オウゴンテイカカズラ、
アベリアなど

【アクセス】 都営三田線「御成門駅」より徒歩４分、日比谷線「神谷町駅」より徒歩６分、都営大江戸線「赤羽橋駅」より徒歩８分
【見学】 自由

■所在地／港区芝 5-7-1
■問合せ／☎03-3454-1111（代）
jpn.nec.com/

歩道を挟むクスノキ並木が描く
石と緑の美しいランドスケープ

日本電気本社ビル

NEC Corporation Building

超高層ビルの周囲を巡る遊歩道には、左右にクスノキの高木が整列。その本数は163本に及びます。ベンチに腰掛けて見上げると、その幹の高さ、枝の多さ、葉の豊富さがよくわかるはず。木陰で小休止をとるもよし、散歩するもよし、深い緑が気分をリフレッシュさせてくれることでしょう。また、明治44年の日本電気創業当時の建物の基盤が残っており（上写真の中央下・赤レンガの部分）、今も大切に保存されています。

空地

主な植栽

クスノキ、ヤマモモ
ケヤキ、ヤマモミジなど

【アクセス】 都営三田線・浅草線「三田駅」より徒歩１分、都営三田線「芝公園駅」より徒歩５分、JR「田町駅」より徒歩６分
【見学】 自由

■所在地／港区芝公園 3-5-10
■問合せ／ ☎03-6910-4111（代）
www.canon-elec.co.jp/

外壁と屋上に緑を導入
植物を間近に感じるオフィスビル

キヤノン電子ビル

CANON ELECTRONICS INC. Building

企業のCSR活動の一環として、花の植栽や森作りボランティアなどにも積極的に取り組んでいるキヤノン電子株式会社の東京本社ビル。道路に面したビル外壁の一部、最上階に至るまでの3段に及ぶ壁面緑化を行っています。使用している植物はヘデラです。また、屋上部分にも中低木と草本植物の入り混じった緑化を施しています。通常公開はしていませんが、見学をご希望の方はぜひお問合せください。

写真:キヤノン電子㈱

屋上 壁面

主な植栽

クスノキ、サツキ、サザンカ、シマトネリコ、タマリュウ、ヘデラなど

【アクセス】「神谷町駅」より徒歩7分、「御成門駅」より徒歩10分、「赤羽橋駅」より徒歩10分
【見学】自由、ただし屋上は応相談
営業時間は 8:00 ～ 17:00

■所在地／港区赤坂 1-12-32
■問合せ／ ☎03-6406-6888
www.arkhills.com/

「屋上緑化の先駆け」から
「都心の自然回復の拠点」へ

アークヒルズ アーク森ビル

ARK Hills/ Ark Garden

バラ園や豊富な植栽を有するアークヒルズの屋上庭園。アークヒルズは1986年、当時では最大級規模の民間による再開発によって生まれました。概観部分の植栽も、約25年の月日を経て大きく成長し、今では多くの人に愛される緑の散策路となっています。総合緑地面積は18,600平米。ヒートアイランドの抑止はもちろんのこと、都内の緑を繋いで豊かな生態系を育むエコロジカルネットワークづくりにおいても欠かせない緑地です。

写真:森ビル㈱

屋上 空地

主な植栽

ソメイヨシノ、クスノキ、メタセコイアなど

【アクセス】 南北線「六本木一丁目駅」より徒歩２分、銀座線・丸の内線ほか「溜池山王駅」より徒歩３分、千代田線「赤坂駅」より徒歩９分
【見学】 自由、8:00～21:00（ただしローズガーデン・ルーフガーデンは通常非公開）

■所在地／港区六本木１丁目
■問合せ／☎03-3224-6471

生きものに満ちた東京を目指す
エコロジカルネットワークの新たな中核

アークヒルズ 仙石山森タワー

ARK Hills ／ Sengokuyama Mori Tower

2012年8月竣工。近接するアークヒルズが育んできた環境を享受し、その拡充を図りながら、同エリアのさらなる発展に向けた起爆剤としての役割を担います。「こげらの庭（左下写真）」などを始め、昆虫や野鳥に生息場所を提供することを意識し、在来種による植樹はもちろん、枯れ木・樹洞・落ち葉などの要素を残すなど、生物多様性に配慮した緑地づくりを実施。ついには日本初のJHEP 認証最高ランク(AAA)を取得しました。

写真：森ビル(株)

空地

主な植栽

シイノキ（スダジイ）、ヤマザクラ、
コナラ、チガヤなど

【アクセス】「神谷町駅」より徒歩５分、
「六本木一丁目駅」より徒歩５分
【見学】自由

■所在地／港区六本木 6-10-1
■問合せ／総合案内　☎03-6406-6000
www.roppongihills.com/green/mohri/

水と花と緑が織り成す
気品ある美しい日本庭園

六本木ヒルズ 毛利庭園

Roppongi Hills ／ Mouri Garden

「ヒルサイド」の東側。サクラ、イチョウ、クスノキといったさまざまな木々を植栽し、池、渓流、川のせせらぎといった多彩な水環境を配置した回遊式の日本庭園です。たくさんの植物や変化に富んだ環境は、美しい景観を生むことはもちろん、多くの生きものに生息環境を提供しており、池周辺ではイトトンボやシジュウカラなどがよく見られます。四季折々に変化する動植物の表情を楽しみながら、潤いに満ちた自然環境を堪能してください。

写真:森ビル㈱

空地

主な植栽

ソメイヨシノ、クスノキ、ヤマモミジ など

【アクセス】 日比谷線「六本木駅」直結、都営大江戸線「六本木駅」徒歩 4 分、「麻布十番駅」徒歩 5 分
【見学】 自由、開園時間 7:00 ～ 23:00
（開園時間は変更の可能性あり）

■所在地／港区三田 1-4-28
■問合せ／㈱三菱地所プロパティマネジメント 青山事業部
☎03-3479-3201

広い敷地を活かした
オープンな緑化スペース

三田国際ビル

Mita Kokusai Building

東京タワーを直近に望む、広くてバリエーションに富んだ公開空地です。芝生のほか、遊具を配置した児童公園や、植物を絡ませたひさしを有する円形ベンチ（左下写真）など、随所に「緑」を含ませつつ多様な広場景観を創出しています。2階テラスからは隣の三田国際ビルアネックスへと渡ることができ、ここにもベンチのある憩いのスペースが広がっています。全体的に開放感のある造りとなっており、日向ぼっこなどに適した環境です。

空地

主な植栽

ヤマモモ、クスノキ、ハナミズキなど

【アクセス】 都営大江戸線「赤羽橋駅」より徒歩２分、都営三田線「芝公園駅」より徒歩７分、南北線･都営大江戸線「麻布十番駅」より徒歩 10 分
【見学】 自由

■所在地／港区芝 4-1-23
■問合せ／㈱ビルネット　☎03-5443-3231

噴水を囲う円形地下広場で
緑を見上げながら一休み

三田 NN ビル

Mita NN Building

ツツジ、ツタなどの植栽がビルを取り巻き、スマートなビルの外観を緑に彩ります。中央に噴水を有する、英国の庭園を思わせるお洒落なサンクンガーデン（地下公開空地）は、周辺に植栽が配置されており、水と緑の清涼感を堪能しながら、ランチやティータイムを楽しめるスポットです（上写真）。三田NNビルは都営三田線の三田駅と直結しています。

空地

主な植栽

クスノキ、ヤマモモ、ヤマツツジ、
ツツジ、サツキなど

【アクセス】 都営三田線・浅草線「三田駅」より徒歩 1 分、都営三田線「芝公園駅」より徒歩 5 分、JR「田町駅」より徒歩 6 分
【見学】 自由

■所在地／港区赤坂 5-2-20
■問合せ／㈱三菱地所プロパティマネジメント 青山事業部
☎03-3479-3201

赤坂の高層ビル群に広がる
青空を望む広大な広場

赤坂パークビル

Akasaka Park Building

港区赤坂、TBS放送センターの目の前。さまざまな種類の中高木を植栽した林と緑道、開放感ある広場で構成される公開空地です。エントランスの周辺には、花を楽しめるプランターを配置。見晴らしのよい広々とした広場からは、立ち並ぶ赤坂の高層ビル群がよく見えます。幅の広い通路を設けるなど、広大な敷地を活かして開放感を重視した造りとなっており、オープンな環境を好む方には格好のスペースです。

写真:三菱地所㈱

空地

主な植栽

イチョウ、クスノキ、モミジなど

【アクセス】千代田線「赤坂駅」より徒歩５分、銀座線・丸の内線ほか「赤坂見附駅」より徒歩９分、「溜池山王駅」より徒歩 11 分
【見学】自由

■所在地／港区南青山 1-1-1
■問合せ／㈱三菱地所プロパティマネジメント 青山事業部
☎03-3479-3201

青山の高層ビルを見上げる
噴水と緑のオアシス

新青山ビル

Shin-Aoyama Building

青山通りと外苑東通りに面し、青山一丁目駅と直結した恵まれた立地。地上23階、地下4階建てという高層ビルが2棟並び、その足元に中高木を軸とした緑の空間が広がります。周辺には飲食店や各種ショップなども充実しています。ベンチは噴水を囲うような形で配置されており、夏場には水音を聞きながら身体を休めると快適です。ショッピングに訪れた方や近隣に勤めるビジネスマンなどの、貴重な休憩スポットとなっています。

写真:三菱地所㈱

空地

主な植栽

クスノキ、ヒイラギ、イヌツゲなど

【アクセス】 銀座線・半蔵門線ほか「青山一丁目駅」より徒歩 1 分、千代田線「乃木坂駅」より徒歩 8 分
【見学】 自由

麹町ミレニアムガーデン

KOJIMACHI MILLENNIUM GARDEN

■所在地／千代田区麹町 5-2-1
■問合せ／☎03-5511-2255
www.mori-trust.co.jp/office/areakojimachi/millennium.html

かつて裏千家の東京道場があった場所に立地する麹町ミレニアムガーデン。このことから、敷地内に日本庭園を抱えています。幅1.5m超の川がゆったりと流れこむ池の周りには、モミジ・サルスベリ・ハナミズキなどが配置され、独特の趣きを醸し出しています。

写真:森トラスト㈱

空地

主な植栽

モミジ、 サルスベリ、
ハナミズキなど

【アクセス】「麹町駅」より徒歩4分、JRほか「四ツ谷駅」より徒歩5分
【見学】写真・ビデオ撮影および団体様での来館は、ビル利用者の妨げとなりますので、ご遠慮ください。

虎ノ門琴平タワー

Toranomon Kotohira Tower

■所在地／港区虎ノ門 1-2-7
■問合せ／虎ノ門金刀比羅宮　☎03-3501-9355
www.kotohira.or.jp

表通りから大鳥居をくぐった先に広がる、神社（金刀比羅宮）を有する公開空地です。神社脇には草木が豊富に成育する緑道があります。自販機や喫煙所などが完備されており、日中は多くの人が集まる憩いの場となっています。

空地

主な植栽

ソメイヨシノ、シイ、イチョウなど

【アクセス】「虎ノ門駅」より徒歩1分、「霞ヶ関駅」より徒歩5分、「溜池山王駅」より徒歩8分
【見学】自由（境内は24時間開放しています）

■所在地／港区虎ノ門 2-3-17
■問合せ／ ☎03-5511-2255
www.mori-trust.co.jp/office/areatora/tora2.html

虎ノ門2丁目タワー

TORANOMON 2-CHOME TOWER

敷地を囲むように配置されたサクラが特徴的な虎ノ門2丁目タワー。ビルの間を吹き抜ける風に煽られ、空に舞い上がるようにサクラが散る様子は、この施設ならではの風景です。好天時には誰でも利用可能なイスとテーブルが設置され、休憩や食事をとる利用者で賑わいます。

写真:森トラスト㈱

空地

主な植栽

サクラ、シラカシなど

【アクセス】「虎ノ門駅」より徒歩４分、「神谷町駅」より徒歩８分
【見学】写真・ビデオ撮影および団体様での来館は、ビル利用者の妨げとなりますので、ご遠慮ください。

■所在地／港区虎ノ門 4-3-20
■問合せ／ ☎03-5511-2255
www.mori-trust.co.jp/office/areakami/kamiyacho.html

神谷町 MT ビル

KAMIYACHO MT BUILDING

大きなクスノキが正面道路沿いに立ちならぶ神谷町MTビル。外構部にはケヤキ、タケ、ヤマモモなどの高木とツツジなどの草花がバランスよく配置されており、近隣住民やオフィスワーカーの憩いの場として利用されています。

写真:森トラスト㈱

空地

主な植栽

クスノキ、ケヤキ、タケ、
ヤマモモなど

【アクセス】「神谷町駅」直結、「六本木一丁目駅」より徒歩８分
【見学】写真・ビデオ撮影および団体様での来館は、ビル利用者の妨げとなりますので、ご遠慮ください。

城山ガーデン

SHIROYAMA GARDEN

■所在地／港区虎ノ門 4-3-1 他
■問合せ／☎03-5511-2255
www.mori-trust.co.jp/project/shiro_top.html

緑があふれ、季節の移ろいとともにその表情を変化させる城山ガーデン。神谷町から六本木方面に続く緑道には、サクラやヤマボウシ、アジサイ、ツバキなど多くの樹木や草花がならび、街区中央の高さ約16mのイチョウは、港区より保護樹木に指定されています。

写真:森トラスト㈱

空地

主な植栽

サクラ、イチョウ
ヤマボウシ、アジサイなど

【アクセス】「神谷町駅」より徒歩3分、「六本木一丁目駅」より徒歩 6 分
【見学】写真・ビデオ撮影および団体様での来館は、ビル利用者の妨げとなりますので、ご遠慮ください。

六本木ティーキューブ

Roppongi T-cube

■所在地／港区六本木 3-1-1
■問合せ／三井不動産ビルマネジメント
㈱霞が関オフィス
☎03-3580-0576
www.roppongi-t-cube.com

六本木一丁目駅の目の前、1～2階に飲食店が集中する超高層ビルの公開空地です。先進的でスタイリッシュなデザインのビル外観を、きれいに植樹された街路樹や草地の緑が美しく引き立てます

写真:三井不動産㈱

空地

主な植栽

シマトネリコ、ヤマモモ、
アベリア、ヤブランなど

【アクセス】「六本木一丁目駅」直結、「六本木駅」より徒歩 7 分、「溜池山王駅」より徒歩 7 分
【見学】自由

■所在地／港区芝 5-33-1
■問合せ／なし
www.morinagamilk.co.jp

森永プラザビル

Morinaga Plaza Building

花壇のほか、バックに低木類を複数植栽。田町駅の目の前に位置するテラス型の広場で、三田駅からも非常に近いという便利な立地です。日々多くの駅利用者が行き交う中、待ち合わせなどにも利用されています。

空地

主な植栽

ケヤキ、ヤマモモ、サツキ、ハマヒサカキなど

【アクセス】 JR「田町駅」、都営三田線・浅草線「三田駅」より徒歩 1 分、「芝公園駅」より徒歩 12 分
【見学】 自由

■所在地／千代田区霞が関 3-8-1
■問合せ／三井不動産ビルマネジメント
㈱霞が関オフィス
☎03-3580-0576

虎の門三井ビル

Toranomon Mitui Building

溜池山王駅と虎ノ門駅からの徒歩圏にある、アクセスのよい立地。大きな鏡のように向かいの建物の姿を映し出すビル外観に、適度に配置された植栽がよいアクセントとなって美しい都市景観を演出します。

写真:三井不動産㈱

空地

主な植栽

アガパンサスなど

【アクセス】「虎ノ門駅」より徒歩 2 分、「霞ケ関駅」より徒歩 5 分、「溜池山王駅」より徒歩 7 分
【見学】 自由

■所在地／千代田区霞が関 3-2-5
■問合せ／三井不動産ビルマネジメント
㈱霞が関オフィス
☎03-3580-0576
www.kasumigaseki36.com

霞が関ビルディング

Kasumigaseki Building

圧倒的な規模感を誇る巨大なビルに、随所に配置された草木、壁面緑化、噴水、モニュメントなどが優れたランドスケープを形作る広場です。近くには飲食店やカフェもあり、霞が関を訪れる人々が休憩する姿をよく見かけます。

写真:三井不動産㈱

屋上 壁面 空地

主な植栽

ハナミズキ、シラカシ、ケヤキなど

【アクセス】「虎ノ門駅」より徒歩2分、「霞ケ関駅」より徒歩6分、「溜池山王駅」より徒歩9分
【見学】自由

■所在地／渋谷区恵比寿 2-38-6
■問合せ／☎03-3591-9757（代）
www.shutoko-sv.jp/trunkroom.html

首都高トランクルーム恵比寿

SHUTOKO TRUNKROOM EBISU

首都高の高架下。広尾のお洒落なマンション街に位置するレンタル収納スペースです。カロライナジャスミンによる壁面緑化が、建物の両側に施されています。春先には花が咲き、美しさがグンと増します。

壁面

主な植栽

カロライナジャスミン

【アクセス】「広尾駅」より徒歩9分、「恵比寿駅」より徒歩14分、南北線・都営三田線「白金高輪駅」より徒歩14分
【見学】自由

■所在地／新宿区四谷 2-4
■問合せ／ ☎03-3357-2151（代）
www.shinryo.com

新菱冷熱工業本社ビル

The Headquarter building of Shinryo Corporation

本社ビルの省エネ改修工事の一環として、2011年6月に全6種の植物を植栽。現在養生の進められている壁面緑化です。夏にはツルハナナスが紫色の可愛らしい花をつけます（左下円内）。建物の上下から順調に成長が続いており、今後のさらなる広がりが期待されます。

壁面

主な植栽

ツルハナナス、ヘデラ・ヘリックス、ビグノニア、テイカカズラなど

【アクセス】 JR ほか「四ツ谷駅」より徒歩4分、丸の内線「四谷三丁目駅」より徒歩8分、新宿線「曙橋駅」より徒歩13分
【見学】 自由、見学可能時間は平日 8：00 ～ 16：30

■所在地／港区芝公園 1・2・3・4 丁目
■問合せ／ ☎03-3431-4359
芝公園サービスセンター

芝公園

Shiba Park

明治6年（1873）の太政官布達により日本で最初の公園として指定され、以後の公園造成のさきがけとなりました。スポーツ施設として野球場とテニスコートがありますが、明治35年（1902）に運動器具が備えられ、東京の公園における運動施設の始まりという歴史を持っています。

写真：公益財団法人東京都公園協会

公園

主な植栽

サクラ、ウメ、イチョウ、マテバシイ、ケヤキ、シイノキ、エノキなど

【アクセス】 JR「浜松町」下車徒歩 12 分。都営地下鉄三田線「芝公園」下車徒歩 2 分。「御成門」下車徒歩 2 分。都営地下鉄浅草線・大江戸線「大門」下車徒歩 5 分。大江戸線「赤羽橋」下車徒歩 7 分 **【見学】** 自由

浅草・上野

■東京スカイツリータウン
■鈴木興産 70号倉庫
■オリナス錦糸町
■江戸東京博物館
■上野松坂屋 パークプレイス24
■イトーヨーカドー 曳舟店
■秋葉原 UDX
■秋葉原ダイビル
■上野恩賜公園
■墨田区役所
■上野区民会館
■環境ふれあい館 ひまわり
■向島百花園
■旧岩崎庭園
■横網町公園

■所在地／墨田区押上 1-1-2
■問合せ／なし
www.tokyo-skytreetown.jp

四季を感じる自然景観が
関東の新名所を美しく彩る

東京スカイツリータウン®

Tokyo Skytreetown

タワーの入口フロアに広がる「スカイアリーナ」には、高木、中低木、地被類など多種多様な植栽が並びます。オオモミジ、アオハダ、コナラ、ヤマボウシなど、北関東の雑木林に生える植物を多く採用しており、変化に富んだ日本の四季を感じられる場です。その他、ヤマザクラが植えられた通路にはドライミストの設備が設置され、真夏の暑さを和らげてくれます。植栽周辺にはたくさんのベンチが並び、日々多くの人が休憩などに利用しています。

屋上　壁面　空地

主な植栽

イロハモミジ、ヤマザクラ、ズミなど

【アクセス】 東武スカイツリーライン・半蔵門線・都営浅草線・京成押上線「押上駅」よりすぐ、東武スカイツリーライン「とうきょうスカイツリー駅」よりすぐ、「本所吾妻橋駅」より徒歩10分
【見学】 6:30 ～ 24:00

■所在地／墨田区横川 1-1-10
■問合せ／03-3622-0815（代）

建物の全階層に及ぶ
鮮やかな緑と花弁の競演

鈴木興産 70 号倉庫

Suzuki Kosan Warehouse no.70

東京スカイツリーを彼方に望む墨田区横川の一角、ツル植物が倉庫の側面を、最上階から1階に至るまでびっしりと覆います。夏～秋にかけてはノウゼンカズラがオレンジ色の花（左下写真）をたくさん咲かせ、濃緑とのコントラストが美しく見応えは抜群です。目の前には大横川親水公園が広がり、公園から飛んできたヒヨドリなどの野鳥が壁面で羽を休めることも。一つの倉庫でありながら、緑のネットワークづくりの一端を担っています。

壁面

主な植栽

ノウゼンカズラ、フジ、ヘデラ

【アクセス】 東武スカイツリーライン「とうきょうスカイツリー駅」より徒歩 12 分、都営浅草線「本所吾妻橋」より徒歩12分、JR・半蔵門線「錦糸町駅」より徒歩14分
【見学】 自由

■所在地／墨田区太平 4-1-2
■問合せ／オリナス オペレーションセンター
☎03-3625-3085
www.olinas.jp

子どもたちの描く「未来」と
瑞々しい緑が並ぶ場所

オリナス錦糸町

olinas Kinshicho

錦糸公園との緑のネットワークを形成する、商業施設の公開空地です。ビル裏手には、モミジなどの中低木や数々の草花を植栽した緑道があります。ここに並ぶ計11個のオブジェは、「リレー ザ フューチャー」というプロジェクトの一環として子どもたちから募集した未来の街や暮らしのイメージを、アーティストの手で具現化したもの。作品の詳細も紹介されているので、子どもたちの独創的な発想を楽しめます。駐車場側には壁面緑化も。

壁面 空地

主な植栽

シラカシ、イロハモミジ、シマトネリコ、
ツワブキ、ヤブラン、クリスマスローズなど

【アクセス】 半蔵門線「錦糸町駅」より徒歩3分、JR「錦糸町駅」より徒歩5分
【見学】 自由、営業時間は Web サイト参照

■所在地／墨田区横網 1-4-1
■問合せ／☎03-3626-9974
www.edo-tokyo-museum.or.jp

江戸・東京の伝統を今に伝える
緑に囲まれた博物館

江戸東京博物館

EDO-TOKYO MUSEUM

徳川家康像が見つめる、かつての江戸文化を現代に継承する博物館には、中高木を主軸としたたくさんの植物が植えられています。像の建つ緑道は木に囲まれて常に日陰ができるため、暑い夏場を中心に、両国駅に向かう人などが好んで利用します。博物館下のスペースには植栽のほか、空調の聞いたガラス張りの喫煙・休憩スペース（左下写真の右側部分）やひさしのついたベンチなどが多く並び、気軽に一休みすることが可能です。

空地

主な植栽

カクレミノ、カシ、シイノキ
ウバメガシ、サザンカ など

【アクセス】 都営大江戸線「両国駅」A4 出口より徒歩1分、JR「両国駅」西口より徒歩5分
【見学】 自由、月曜休館（月曜が祝・振替休日の場合はその翌日）、営業時間 9:30 ～ 17:30（土曜日 9:30 ～ 19:30）

■所在地／台東区上野 3-29-5
■問合せ／☎03-3832-1111（代）
www.matsuzakaya.co.jp/ueno

上野松坂屋 パークプレイス 24

Matsuzakaya Ueno

「ヒトと環境にやさしい新駐車場ビル」をコンセプトに建設された、全7階層のパークプレイス24。松坂屋のイメージフラワーであるカトレアの花をあしらった金網に、ツル植物を絡ませて計4階層分の壁面緑化がつくられています。

写真:㈱大丸松坂屋百貨店

壁面

主な植栽

ヘデラカナリエンシス

【アクセス】銀座線「上野広小路駅」直結、都営大江戸線「上野御徒町駅」より徒歩1分、「御徒町駅」より徒歩1分
【見学】外観は自由、駐車場は 24 時間営業（店舗営業時間は 10:00 ～ 19:30）※ B2 ～ 4F は 20:00 迄

■所在地／墨田区京島 1-2-1
■問合せ／☎03-3616-4111（代）
blog.itoyokado.co.jp/shop/248/

イトーヨーカドー 曳舟店

Ito-Yokado Hikifune Store

2010年11月グランドオープン。屋上部分の外周に広範囲にわたる壁面緑化があり、地上からもはっきりと見えます。その他にもLED照明の導入など、これからの時代に相応しい環境負荷軽減の取組がなされています。

写真:㈱セブン&アイ ホールディングス

壁面

主な植栽

ヘデラカナリエンシス

【アクセス】亀戸線「曳舟駅」より徒歩3分、押上線「京成曳舟駅」より徒歩4分、「押上駅」より徒歩11分
【見学】外観は自由、屋上は一般立入不可、営業時間は 10:00 ～ 22:00
※一部専門店は営業時間が異なります

■所在地／千代田区外神田 4-14-1
■問合せ／秋葉原 UDX 総合管理事務所
03-5298-4185
www.udx.jp

秋葉原 UDX
Akihabara UDX

2階部分は秋葉原駅より歩行者デッキで連結しており、プランターを設置したウッドデッキが広がります。階段を下りた先は、緑や水景を取り入れた広場となっています。飲食店が豊富で、食事や休憩にもってこいのスポットです。

空地

主な植栽

季節により植え替え（例．クリスマスシーズンにはポインセチアなど）

【アクセス】 JR「秋葉原駅」より徒歩2分、銀座線「末広町駅」・つくばエクスプレス「秋葉原駅」より徒歩3分、日比谷線「秋葉原駅」より徒歩4分
【見学】 レストラン街「アキバ・イチ」の営業時間 11:00 ～ 23:00(営業時間は店舗により異なります)

■所在地／千代田区外神田 1-18-13
■問合せ／ダイビル㈱東京営業開発部 03-3506-7442
www.daibiru.co.jp/tokyo/akihabara

秋葉原ダイビル
Akihabara Daibiru Building

秋葉原駅前、エントランス周辺のタケを中心とした植栽を始め、低木などのさまざまな緑でビルを囲っている公開空地です。ビルの谷間で豊かに葉を茂らせたタケは、にぎやかな駅前にささやかな安らぎを提供しています。

空地

主な植栽

ヒメアケボノモウソウチク、ヘデラ、フッキソウなど

【アクセス】 JR「秋葉原駅」より徒歩1分、つくばエクスプレス「秋葉原駅」より徒歩2分、銀座線「末広町駅」・日比谷線「秋葉原駅」より徒歩5分
【見学】 公開空地は自由（ビル内は関係者以外立ち入りご遠慮願います）

■所在地／台東区上野公園 5-20
■問合せ／☎03-3828-5644（上野恩賜公園管理所）
www.kensetsu.metro.tokyo.jp/
toubuk/ueno/index_top.html

桜と不忍池で知られる
文化の森

上野恩賜公園

Ueno Park

この公園は明治6年の太政官布達によって、芝、浅草、深川、飛鳥山と共に日本で初めて公園に指定されました。江戸時代は、東叡山寛永寺の境内地でしたが明治維新後官有地となり、大正13年、宮内省を経て東京市に下賜されました。当初は寛永寺社殿と霊廟、東照宮それに境内のサクラを中心にした公園でしたが、その後、博物館や動物園、美術館などが建てられ、文化の香り高い公園へと衣替しました。

公園

主な植栽

サクラ、イチョウ、ケヤキ、ツツジ、ハスなど

【アクセス】 JR、東京メトロ銀座線・日比谷線「上野」下車。徒歩２分。京成線「京成上野」下車。徒歩１分。駐車場有（有料）
【見学】 自由

■所在地／墨田区吾妻橋 1-23-20
■問合せ／☎03-5608-6208（環境保全課）
www.city.sumida.lg.jp

隅田川沿いの 4 階テラスで
屋上緑化を楽しむ

墨田区役所

Sumida city office

墨田区では、かねてより建築物の屋上やベランダを利用する屋上緑化を推進しています。墨田区役所本庁舎4階テラスでは、屋上緑化施策の更なる推進のため市場に流通している一部の屋上緑化部材を利用した屋上緑化見本施設を設置しています。芝生庭はもちろんのこと、和風庭園・水生自然園から野菜畑まで、一般家庭向け屋上緑化部材の特徴を生かした多様な庭園見本を観賞できます。また、隣接する分室では壁面緑化見本を見学できます。

屋上

主な植栽

ナンテン、アセビ、ハツユキカズラ、コニファ、ゼラニュウムなど

【アクセス】東武伊勢崎線、東京メトロ銀座線、都営地下鉄浅草線「浅草」下車徒歩 5 分ほか **【見学】**月～金 9:30 ～ 11:30、14:00 ～ 16:00。要事前予約

■所在地／東京都台東区池之端 1-1-12
■問合せ／☎03-5815-8612

上野区民会館

Ueno Citizen Hall

不忍通り沿いにある台東区上野区民会館。通りとは反対側の壁面の一部が緑化されています。利用者以外は目にする機会があまり無い場所ですが、福成寺の垣根の緑との繋がりを感じることができます。

壁面

【アクセス】東京メトロ千代田線「湯島」下車徒歩2分。銀座線「上野広小路」下車徒歩8分。都営地下鉄大江戸線「上野御徒町駅」徒歩10分【見学】壁面緑化部分は自由。休館日／日・祝・年末年始

■所在地／台東区蔵前 4-14-6
■問合せ／☎03-3866-8098

環境ふれあい館ひまわり

Environmental contact center "Himawari"

環境ふれあい館ひまわりでは、様々なイベントや講座などを開催し、環境に対する皆様の意識の向上に取り組んでいます。設置されている壁面緑化は、植物でヒマワリを形作り同施設の象徴にもなっています。

壁面

主な植栽

サクラ、イチョウ、モミジ、モッコク、シュロなど

【アクセス】都営地下鉄浅草線「蔵前」下車徒歩３分。都営地下鉄覆えど線「蔵前」下車徒歩７分【見学】壁面緑化は自由。全館休館日／毎月第４月曜日、年末年始

向島百花園

■所在地／墨田区東向島三丁目
■問合せ／☏03-3611-8705（向島百花園サービスセンター）

Mukoujima-Hyakka -En Garden

江戸の町人文化が花開いた文化・文政期（1804～1830年）に造られた庭園。庭を造ったのは、それまで骨とう商を営んでいた佐原鞠塢。交遊のあった江戸の文人墨客の協力を得て、旗本、多賀氏の元屋敷跡である向島の地に、花の咲く草花鑑賞を中心とした「民営の花園」を造り、開園しました。四季を通じて咲く花々が楽しめる、唯一現代に残る江戸時代の花園です。

庭園

主な植栽

セツブンソウ、カタクリ、クマガイソウ、その他各種山野草。並びにハギ、ウメ、春・秋の七草など

【アクセス】東武スカイツリーライン「東向島」下車徒歩８分。京成電鉄押上線「京成曳舟」下車徒歩 13 分。【見学】9：00 ～ 17：00（年末年始休園）。一般 150 円、65 歳以上 70 円

旧岩崎邸庭園

■所在地／台東区池之端 1-3-45
■問合せ／☏03-3823-8340（旧岩崎邸庭園サービスセンター）
www.tokyo-park.or.jp/park/format/index035.html

Yokoami-cho Park

旧岩崎邸は、明治29年（1896）に三菱創設者・岩崎家本邸として建てられました。ジョサイア・コンドルによって設計された洋館は、近代日本住宅を代表する西洋木造建築です。大名庭園を一部踏襲する広大な庭は、建築様式と同時に和洋併置式とされ、「芝庭」をもつ近代庭園の初期の形を残しています。

写真：公益財団法人東京都公園協会

公園

主な植栽

サクラ、イチョウ、モミジ、モッコク、シュロなど

【アクセス】東京メトロ千代田線「湯島」下車徒歩３分。都営地下鉄大江戸線「上野御徒町」下車徒歩 10 分。JR「御徒町」下車徒歩 15 分ほか。【見学】9：00 ～ 16：30。一般 400 円、65 歳以上 200 円。

■所在地／墨田区横網 2-3-25
■問合せ／ ☎03-3622-1208（横網町公園管理所）
www.tokyo-park.or.jp/park/format/index087.html

横網町公園

Yokoami-cho Park

大正11年（1922）、東京市は陸軍被服廠の移転に伴い、跡地を買収し公園の造成を進めていました。その最中に発生したのが、関東大震災。多数の焼死者が出ました。公園内には、霊の供養と東京を復興させた大事業を記念するために震災記念堂（現東京都慰霊堂）と復興記念館があります。

公園

主な植栽

イチョウ、サクラ（ソメイヨシノ）、スダジイ、キョウチクトウ、ツバキなど

【アクセス】JR「両国」下車徒歩 10 分。都営地下鉄浅草線「蔵前」下車徒歩 10 分。都営地下鉄大江戸線「両国」下車徒歩 7 分。【見学】自由

池袋・文京

■大和ハウス東京ビル
■トッパン小石川ビル
■アイガーデンテラス
■切手の博物館
■リビエラ東京
■ホテル・グランドパレス
■トヨタ自動車 東京本社ビル
■東邦レオ
■サンシャインシティ
■ジュンク堂池袋本店
■西戸山公園
■おとめ山公園
■新宿遊歩道公園
■江戸川公園
■目白台運動公園

■所在地／千代田区飯田橋 3-13-1
■問合せ／☎03-5214-2111（代）
http://www.daiwahouse.co.jp

エントランス前を緑で囲い
樹林さながらの環境を創出

大和ハウス東京ビル

Daiwa House TOKYO BLD.

飯田橋駅と水道橋駅のちょうど中間、アイガーデンテラスの目の前に位置します。コナラ、エゴノキ、ナツツバキなどを中心に濃密な植栽がされているほか、下草も多く生育しており、自然の林に近い環境を実現しています。深い緑は、歩行者に視覚的な癒しと心地よさを提供し、セミやシオカラトンボなどの多くの昆虫を呼び寄せます。また、敷地内には大和ハウス工業の創業50周年を記念して植えられた月桂樹も見られます。

空地

主な植栽

コナラ、エゴノキ、ツツジ、
ケヤキ、イヌシデなど

【アクセス】 JR「水道橋駅」より徒歩2分、「飯田橋駅」より徒歩7分、東京メトロ東西線「飯田橋駅」より徒歩4分
【見学】 敷地外からは自由

■所在地／文京区水道 1-3-3
■問合せ／☎03-5840-3111

超高層ビルを背景に
緑の風と景観美を楽しめる広場

トッパン小石川ビル

TOPPAN Koishikawa Builiding

サクラ、クスノキ、ケヤキなどの高木にツツジなどの低木の入り混じった豊富な植栽と、色彩豊かな花壇が並ぶ大きな広場です。どの位置からも、凸版印刷の大きなビルがバックに見えるのがポイント。雄大なビルと自然のコラボレーションは美しく、見る角度を変えてみることで違った楽しみが得られます。その他、敷地内には皇太子殿下・妃殿下の行啓記念碑や稲荷神社なども。2階部分はレストランとなっており、ここからも植栽が見られます。

空地

主な植栽

ケヤキ、サクラ、クスノキ、
コムラサキなど

【アクセス】 有楽町線「江戸川橋駅」より徒歩10分、JRほか「飯田橋駅」より徒歩12分、東西線「神楽坂駅」より徒歩14分
【見学】 自由

■所在地／千代田区飯田橋 3-10-10
■問合せ／三井不動産ビルマネジメント㈱
☎03-5226-7210
www.i-gardenterrace.com

自然美を取り入れたビル景観と
緑の風が吹き抜ける広場

アイガーデンテラス
i-GARDEN Terrace

階段状のテラスにサルスベリ、ケイトウなどの美しい花を咲かせる草木を植栽。建物のデザインと融合し、お洒落な景観を形作っています。公開空地には高低木のほか、ベンチも多数。レストランやカフェも近くにあるため、食事や休憩に格好のスポットです。かつて川の流れていた「平川の径」にはクスノキやヤマモミジが両サイドに並び、ヤブランなどの下草も多く生える緑道となっており、爽やかな緑の風を体感できます。（左下写真）

空地

主な植栽

クスノキ、ヤマモミジ、
サルスベリ、ケイトウなど

【アクセス】「水道橋駅」より徒歩５分、「飯田橋駅」より徒歩６分、「九段下駅」より徒歩７分
【見学】自由、営業時間は 7:00 ～ 23:00

■所在地／豊島区目白 1-4-23
■問合せ／☎03-5951-3331（代）
www.yushu.or.jp/museum

JR 目白駅よりすぐ
緑をちりばめた博物館

切手の博物館

Philatelic Museum

目白駅より程近い線路沿いに位置する、国内でも珍しい郵便切手の博物館です。入口にある郵便ポストが目印で、全4階層。豊かな緑地を持つ大学キャンパスの向かいに位置し、敷地内にはツツジなどの植栽が並ぶほか、2階ベランダにも植栽が見られます。充実した緑のおかげか、すぐ近くを電車が通る立地にもかかわらず、どこか落ち着いた雰囲気です。入口横にはタケの植栽とベンチがあり、これまた落ち着いた和のテイストを醸し出しています。

空地

主な植栽

タラヨウ（多羅葉）、タケ、ツツジなど

【アクセス】 JR「目白駅」より徒歩3分、JRほか「高田馬場駅」より徒歩8分
【見学】 外観・売店は自由、開館時間は10:30 ～ 17:00、入館料は大人 200 円、小中学生 100 円（月曜定休）

■所在地／豊島区西池袋 5-9-5
■問合せ／ ☎03-3981-3231（代）
www.riviera-i.jp

自然の風を身近に感じる
緑に彩られた結婚式場

リビエラ東京

RIVIERA TOKYO

新郎新婦がたくさんの愛に包まれているイメージで、ハートをモチーフにした立体感とコントラストが美しい壁面緑化です。ヘデラを中心に、使用している植物は全部で12種類。ハート形のアイビーや小さな実をつけるワイルドストロベリーなどかわいらしい植物も入っています。また、正面玄関までのアプローチには木々に囲まれたベンチがあり、都会にありながらも自然にあふれた結婚式場となっています。

壁面

主な植栽

ヘデラ、ワイルドストロベリー、マートル、オタフクナンテン、カンノンチク、カポックなど

【アクセス】「池袋駅」C3 出口より徒歩1分
【見学】 外観は自由、レストラン営業時間
11：30 ～ 15：00（ラストオーダー 13：30）
レストラン営業は平日のみ。
レストラン問合せ：03-3981-3233
土日祝日はウェディング。

■所在地／千代田区飯田橋 1-1-1
■問合せ／☎03-3264-1111（代）
www.grandpalace.co.jp

ホテルグランドパレス

Hotel Grand Palace

エントランス周辺の「布引の滝」や1階のレストラン&カフェから眺められる「白糸の滝」が、都会の喧騒を忘れさせてくれます。これら滝の空間は、時代を先取りした稀代の屋外空間作家、深谷光軌氏によって1972年につくられました。

写真:ホテルグランドパレス

空地

主な植栽

サツキ、ナラ、ヒイラギ、ツツジ、ウバメガシ、アシビなど

【アクセス】「九段下駅」東西線 7 番口より徒歩1分、半蔵門線・都営新宿線3a･b 番口より徒歩 3 分、「飯田橋駅」より徒歩 7 分、
【見学】自由（白糸の滝はレストラン&カフェ「カトレア」店内より。「カトレア」営業時間は 6:30 ～ 23:00）

■所在地／文京区後楽 1-4-18
■問合せ／☎03-3817-7111（代）
www.toyota.co.jp

トヨタ自動車（東京本社ビル）

TOYOTA MOTOR CORPORATION
Tokyo Headquarters Building

本社ビル脇に、左右をクスノキの高木と御影石の壁に囲まれた美しい緑道があります。奥には小石川後楽園があり、後楽園と隣接することで連続した緑環境を形成しています。その他、道路側を中心にサツキが多く植栽されています。

空地

主な植栽

クスノキ、サツキなど

【アクセス】「飯田橋駅」より徒歩 2 分、「水道橋駅」より徒歩 7 分
【見学】自由

■所在地／豊島区北大塚 1-15-5
■問合せ／ ☎03-5907-5500
www.toho-leo.co.jp

東邦レオ東京本社
TOHO-LEO Tokyo Headquarters

「里山の風景」をテーマにランドスケープアーティスト 石原和幸氏がデザインした、幅約2m×高さ約7mにわたる壁面緑化です。クチナシ、モミジ、ヤブラン、チャノキなど10種類以上の植物を使い、日本の原風景を表現しています。

写真:東邦レオ㈱

壁面

主な植栽

セキショウ、トベラ、ハツユキカズラ、ツワブキ、 クチナシ、 モミジなど

【アクセス】 JR「大塚駅」より徒歩 1 分、都電荒川線「大塚駅前駅」より徒歩 1 分
【見学】 自由

■所在地／豊島区東池袋 3-1
■問合せ／総合案内 ☎03-3989-3331
www.sunshinecity.co.jp

サンシャインシティ
Sunshine City

池袋有数の知名度を誇る複合商業施設。ショッピングセンターの屋上には花壇が並び、さまざまな高低木や草花を見ることができます。お買い物の合い間に、随所にあるベンチに腰掛け、ランチや休憩などを楽しめます。

写真:㈱サンシャインシティ

屋上 空地

主な植栽

クリスマスローズ、 チューリップ
各種ハーブ類など

【アクセス】 有楽町線「東池袋駅」より徒歩3分、都電荒川線「東池袋四丁目駅」より徒歩4分、JR ほか「池袋駅」より徒歩8分
【見学】 自由

■所在地／豊島区南池袋 2-15-5
■問合せ／☎03-5956-6111（代）
www.junkudo.co.jp/

ジュンク堂池袋本店
JUNKUDO Ikebukuro Head Shop

サンシャインビルを望むカフェテラス。ウッドデッキで囲まれた中央に草花が植えられ、テラス席には随所に鉢植えがかけられています。初夏には花が咲いて美しさが増します。植栽部分は、室内席からも見ることが可能です。

屋上

主な植栽

マツバギク、ツルマンネン、
キリンソウなど

【アクセス】 JR ほか「池袋駅」より徒歩2分
【見学】 月～土 10:00 ～ 23:00、日・祝 10:00 ～ 22:00

■所在地／新宿区百人町 4-1
■問合せ／新宿区みどり土木部 みどり公園課
☎03-5273-3914

西戸山公園
Nishi-Toyama Park

落葉・常緑・針葉樹とさまざまなタイプの樹木が、心地よい緑景観を生み出します。野球場や、イチョウの並ぶスポーツ広場、遊具の設置された広場などの開けた空間も多く、緑に囲まれながらスポーツや遊びを楽しめる公園です。その他、約20種の植物でつくられた生垣見本園もあります。

公園

主な植栽

イチョウ、ヒマラヤスギ、
ソメイヨシノ、イヌツゲ、
シラカシなど

【アクセス】 JR・東西線「高田馬場駅」より徒歩9分、JR「大久保駅」より徒歩10分
【見学】 自由

■所在地／新宿区下落合 2-10
■問合せ／新宿区みどり土木部 みどり公園課
☎03-5273-3914
www.city.shinjuku.lg.jp/seikatsu/midori02_001013.html

おとめ山公園

Otome-yama Park

園内に湧き水が見られ「東京都の名湧水57選」のひとつに選定されている、水と緑の公園です。ヘイケボタルの飼育施設があり、地域住民により、貴重なホタルが大切に育てられています。豊富な緑と水を有する園内では、運がよければカワセミやサワガニなどに出会えることも。閑静な住宅地に囲まれた緑の中で、自然を身近に感じながら落ち着いた一時を過ごせます。

公園

主な植栽

ケヤキ、トウカエデ、ミズキ、コナラ、クヌギ、エノキ、ソメイヨシノなど

【アクセス】 JR・東西線「高田馬場駅」より徒歩8分、JR「目白駅」より徒歩8分
【見学】 開園時間／7:00 ～ 19:00、(10 ～ 3 月は 17:00 迄)

■所在地／新宿区歌舞伎町 1-1
■問合せ／新宿区みどり土木部 みどり公園課
☎03-5273-3914
www.city.shinjuku.lg.jp/seikatsu/midori01_001003.html

新宿遊歩道公園

Shinjuku Yuhodo-Park

区役所側から新宿文化センター方面へと続く、片道5分程の遊歩道です。新宿ゴールデン街の間近に位置しています。両側を高木に囲まれて常に木陰ができるため、日差しが遮られて快適です。平成6年には「みどりの新宿30選」に選ばれました。

公園

主な植栽

イチョウ、ヤマモミジ、コナラ、メタセコイア、クスノキなど

【アクセス】《区役所側入口まで》「西部新宿駅」徒歩4分、丸の内線・副都心線「新宿三丁目駅」より徒歩4分、JR「新宿駅」より徒歩5分
【見学】 自由

■所在地／文京区関口 2-1
■問合せ／みどり公園課　☎03-5803-1252

江戸川公園
Edogawa Park

神田川沿いに広がる、東西に細長い公園。川沿いに植栽されたサクラ(ソメイヨシノ)が春には満開に花を咲かせ、遊歩道は美しいピンク色に染まります。山小屋を模した東屋や石組みの池など、公園を楽しむための要素も充実しています。

公園

主な植栽

ソメイヨシノ、クスノキなど

【アクセス】有楽町線「江戸川橋」駅より徒歩3分、都電荒川線「早稲田駅」より徒歩9分
【見学】自由

■所在地／文京区目白台 1-19・20
■問合せ／☎03-3941-6153（パークセンター）
www.seibu-la.co.jp/mejirodai/

目白台運動公園
Mejirodai Undo-Park

数多くの樹木や草花が生育し、新江戸川公園、神田川などと一体となって形作られる「緑のネットワーク」の中核を担います。文京区立の公園としては最大の面積を誇り、テニスやフットサル用のコート、芝生広場なども充実。豊かな自然景観を満喫しつつ、運動も楽しめる公園です。

公園

主な植栽

モチノキ、スダジイ、ソメイヨシノ、ミズキ、イヌシデなど

【アクセス】都営バス「日本女子大前」下車徒歩約２分、副都心線「雑司が谷駅」３番出口より徒歩10分
【見学】開園時間／５～８月 7:30 ～ 18:30、９～４月 7:30 ～ 17:00

新宿

■新宿アイランド
■新宿イーストサイドスクエア
■新宿センタービル
■新宿モリノス
■タカシマヤ タイムズスクエア
■エステック情報ビル
■新宿三井ビルディング 55HIROBA
■伊勢丹新宿本店 屋上 アイ・ガーデン
■新宿マルイ 屋上庭園 Q-COURT
■新国立劇場 屋上庭園
■玉川上水・内藤新宿分水散歩道
■新宿中央公園

■所在地／新宿区西新宿 6-5-1
■問合せ／☎03-3348-1177（代表）
www.shinjuku-i-land.com

ユニークなアート作品と
中高木が並ぶ癒しスポット

新宿アイランド

SHINJUKU I-LAND

ドラマにも多く登場し、待ち合わせなどに利用されることが多い「LOVE」のオブジェで有名な広場です。その他にも、随所に数々のパブリックアートが配置されており、美術館感覚で楽しく見て回ることができます。さらに、高木を中心とした植栽が彩りと季節感を提供し、街路に面した水場が涼しさを提供してくれます。アートに感銘を受けつつ、緑の風を満喫できるスポットです。木の植栽されたカフェテラスもあり、ゆっくりと一休みできます。

空地

主な植栽

ケヤキ、キリシマツツジなど

【アクセス】 丸の内線「西新宿駅」より徒歩3分、都営大江戸線「都庁前駅」より徒歩4分、東京メトロ各線「新宿駅」より徒歩6分、JR「新宿駅」より徒歩8分
【見学】 自由、ビル開館時間（7:00～23:00）のみ利用可

■所在地／新宿区新宿 6-27-30
■問合せ／なし

多様な緑がオフィスビルを彩る
東新宿の新しいランドマーク

新宿イーストサイドスクエア

SHINJUKU EASTSIDE SQUARE

2012年9月にグランドオープン。約1.3haのビル外構空間の内、実に40%が緑化されています。広大な緑地と商業店舗との相乗効果で、快適で賑わいのある回遊空間が誕生しました。特筆すべきは緑化タイプの多様性で、芝生あり、壁面緑化あり、植樹あり、緑道ありと実に多彩。植物もシラカシ、カツラ、モミジなど種類が豊富です。随所に配置されたベンチに腰掛けながら、さまざまな形の緑をゆっくりと満喫できます。

壁面　空地

主な植栽

シラカシ、カツラ、モミジなど

【アクセス】 都営大江戸線・副都心線「東新宿駅」直結、都営新宿線ほか「新宿三丁目駅」E1 出口より徒歩6分
【見学】 自由

■所在地／新宿区西新宿 1-25-1
■問合せ／新宿センタービル管理㈱ ☎03-3345-1281
www.scbm.co.jp

森林さながらの緑あふれる
高層ビル群内の憩いのオアシス

新宿センタービル

SHINJUKU CENTER BUILDING

植栽された樹木はシイ、ヤマモモなどを中心に多数。下草も多く、新宿新都心において一際緑の密度が濃い、都会の森林とも言うべきスポットです。ビルを囲む広い敷地内には、随所に石造りのベンチを配置しているほか、レストランもあるという充実ぶり。豊かな緑に誘われ、チョウやトンボはもちろん、時にはコゲラ（キツツキの一種）などの野鳥も訪れます。高層ビル群の中にあって、解放感に浸れる癒しの空間として注目を集めています。

空地

主な植栽

サツキツツジ、ドウダンツツジ、
オオムラサキツツジ、ツバキなど

【アクセス】「都庁前駅」より徒歩4分、東京メトロ各線「新宿駅」西口より徒歩6分、JR「新宿駅」西口より徒歩8分
【見学】年中無休。団体での見学以外予約不要。

■所在地／新宿区西新宿 2-3-1
■問合せ／ ☎03-5381-8600（代）
www.shinjuku-monolith.co.jp

ビル外構を 360 度緑化
新宿新都心の公開空地

新宿モリノス

Shinjuku Monolith

都庁を間近に望む新宿新都心の一角に位置する、多くの企業や飲食店がテナントとして入る超高層ビル。ぐるりとビルを囲うようにツツジが植栽され、春から夏にかけてたくさんの花を咲かせます。隣のビルの公開空地とも直結しており、共に新宿のビルの谷間を緑に染め、気持ちのいい緑の風を提供しています。1階にはコンビニがあり、お昼時には木陰でランチを楽しむ人も多くいます。テレビのロケ地などとして利用されることもあります。

空地

主な植栽

ヤマモモ、クスノキ、ケヤキ、
イヌツゲ、サザンカなど

【アクセス】「都庁前駅」より徒歩4分、JR「新宿駅」より徒歩4分、東京メトロ各線「新宿駅」より徒歩8分
【見学】自由、ビル開館時間は 7:30 ～ 23:30

■所在地／渋谷区千駄ヶ谷 5-24-2
■問合せ／ ☎03-5361-1111（代）
www.takashimaya.co.jp/shinjuku

新宿の街を見下ろす
地上 13 階の緑の楽園

タカシマヤ タイムズスクエア

TAKASHIMAYA TIMES SQUARE

JR新宿駅の目の前。新宿の街を一望できる屋上庭園です。多彩な植物が植えられているほか、噴水からは静かに水が流れていて清涼感を醸し出しています。植栽される植物はローズマリー、シルバータイム、ハクチョウゲ、ヒメウツギ、ヤマモモなど多岐にわたり、新都心の一角でありながら、自然公園にいるかのような感覚が得られるスポットです。カフェやレストランがありますので、緑を満喫しながらお茶や食事を楽しめます。

屋上

主な植栽

シマトネリコ、ヤマモモ、トクサ、フッキソウ、ローズマリー、シルバータイムなど

【アクセス】 JR「新宿駅」徒歩1分、副都心線「新宿三丁目駅」徒歩3分、都営新宿線・都営大江戸線・京王新線「新宿駅」徒歩5分
【テラス開放時間】 3～10月 10:00～19:00、11～2月 10:00～18:00（その他、店舗の開店期間に準じる）

■所在地／新宿区西新宿 1-24-1
■問合せ／☎03-3342-3511（代）
www.stec-jbldg.co.jp

エステック情報ビル

STEC JOHO BUILDING

新宿高層ビル群の谷間に位置するため、日陰が多く、夏場も比較的過ごしやすいスポットです。ビル1階にはコーヒーショップがあります。ベンチなども多数配置されており、休憩時間を過ごすにはピッタリです。

空地

主な植栽

シラカシ、タブ、クスノキ、トチノキ、エゴノキ、ツツジなど

【アクセス】「都庁前駅」より徒歩2分、東京メトロ各線「新宿駅」より徒歩3分、JR「新宿駅」より徒歩4分
【見学】 自由、ビル開館時間は7:00 ～ 22:00

■所在地／新宿区西新宿 2-1-1
■問合せ／総合案内 ☎03-3344-5630
www.shinjukumitsui55info.jp

新宿三井ビルディング 55 HIROBA

SHINJUKU MITSUI BUILDING

ガラス張りの超高層ビルのお膝元、豊かに葉を茂らせる高木と共にテーブルセットが並びます。飲食・休憩などに自由に利用できるほか、各種イベントやランチタイムにはコンサートなどが開かれることも。多様な形で活用される広場です。

写真:三井不動産ビルマネジメント㈱

空地

主な植栽

ケヤキ、イチョウなど

【アクセス】 大江戸線「都庁前駅」より徒歩1分、丸の内線「西新宿駅」より徒歩2分、JR・丸の内線「新宿駅」より徒歩6分、京王・小田急線「新宿駅」より徒歩8分
【見学】 自由、開放時間は 7:00 ～ 23:00

■所在地／新宿区新宿3-14-1
■問合せ／☎03-3352-1111（代）
www.isetan.co.jp

伊勢丹新宿本店 屋上 アイ・ガーデン

ISETAN Shinjuku Main Store ／ I Garden

2,050㎡のスペースに広々とした芝生広場と350種の植物から成る、日本の里山をイメージした庭園。鳥や昆虫などにとって大切な場であると同時に、子どもたちが自然にふれあえる空間となっています。

写真:㈱三越伊勢丹ホールディングス

屋上

主な植栽

ナツツバキ、ヤマボウシ、ワレモコウなど

【アクセス】丸ノ内線「新宿三丁目駅」より徒歩1分、副都心線「新宿三丁目駅」より徒歩２分、JR「新宿駅」より徒歩5分
【見学】3～10月 10:00～19:00 11～2月 10:00～18:00（変更の場合あり）

■所在地／新宿区新宿 3-30-13
■問合せ／新宿マルイ本館 ☎03-3354-0101
www.0101.co.jp

新宿マルイ 本館 屋上庭園 Q-COURT

SHINJUKU MARUI HONKAN

都内でも規模は最大級。バラのアーチを始め、季節ごとにさまざまな花が彩りを添え、英国式ガーデンを髣髴とさせる屋上庭園です。新宿の新都心を眺めながら、コーヒーなどを片手に優雅で爽快な一時を楽しめます。

写真:㈱丸井グループ

屋上

主な植栽

バラ、ブルーヘブン、ドイツトウヒ、リゼットなど

【アクセス】「新宿三丁目駅」A1・A2・C1 出口より徒歩1分、JR・東京メトロ各線「新宿駅」より徒歩5分
【見学】自由、開園時間 11:00～20:00（※荒天時閉園）

■所在地／渋谷区本町 1-1-1
■問合せ／（公財）新国立劇場運営財団
☎03-5351-3011（代）
www.nntt.jac.go.jp

新国立劇場 屋上庭園

New National Theatre,Tokyo ／ Rooftop Garden

新国立劇場情報センター（5階）に隣接。オオムラサキツツジ、セイヨウイワナンテン等が植栽され、広い芝生を有する多目的型屋上庭園です。観劇時の休憩場所や憩いの場として親しまれています。

写真：（公財）新国立劇場運営財団

屋上

主な植栽

オオムラサキツツジ、
セイヨウイワナンテンなど

【アクセス】京王新線「初台駅」直結
【見学】自由、開園時間は 10:00 〜 16:30（原則月曜日休み。ただし情報センターの開室日と連動しているため、Web サイト等でご確認ください）

■所在地／新宿区内藤町 11
■問合せ／新宿区みどり土木部 みどり公園課
☎03-5273-3914
www.city.shinjuku.lg.jp/seikatsu/file14_02_00001.html

玉川上水・内藤新宿分水散歩道

Tamagawa-josui, Naito-Shinjukubunsui promenade

平成22年「第26回都市公園コンクール」において、国土交通大臣賞受賞（材料・工法・施設部門）を受賞。新宿御苑の散策路にあり、玉川上水を偲ぶ水路が傍らを流れる、長さ約540mの遊歩道です。水路の周囲には武蔵野の森の林床をモデルとした多種多様な草本植物を配置し、一年を通じて季節ごとの草花を楽しめるように工夫されています。また、随所に玉川上水の歴史や本施設に関する説明板が設置されています。

公園

主な植栽

シュンラン、ニリンソウ、
ヒトリシズカ、ホタルブクロ、
ホトトギス、キチジョウソウなど

【アクセス】≪新宿門まで≫丸の内線「新宿御苑前駅」より徒歩5分、JR「新宿駅」より徒歩10分
【見学】9:00 〜 16:30
月曜・年末年始閉鎖
（月曜祝日の場合は翌火曜閉鎖）

■所在地／新宿区西新宿 2-11
■問合せ／新宿中央公園事務所
☎03-3342-4509
www.city.shinjuku.lg.jp/seikatsu/file15_02_00001.html

新都心の足元に広がる
新宿最大の区立公園

新宿中央公園

Shinjuku Chuo Park

東京都庁を始めとした高層ビルを間近に望み、ビル景観と深緑のコントラストを楽しめる都市公園です。広い敷地には、豊富な樹木と四季折々の美しい草花が。園の中心部にある高遠コヒガンザクラは、新宿にゆかりのある貴重な木として「みどりの新宿30選」に選ばれました。シンボルである「ナイアガラの滝」を中心に、池や水田を有するビオトープ、自然環境保全への取り組みを学べる「環境学習情報センター」など、長時間にわたって楽しめる要素が満載です。

公園

主な植栽

コヒガンザクラ、ケヤキ、マテバシイ、
クスノキ、ソメイヨシノ、メタセコイアなど

【アクセス】 都営大江戸線「都庁前駅」より徒歩０分、丸の内線「西新宿駅」より徒歩５分、JR「新宿駅」より徒歩 10 分
【見学】 自由、ただしビオトープは月火休園、開園時間 9:00 ～ 17:00（11 ～ 3 月は 16:00 迄）「ちびっこ広場」は 9:30 ～ 11:30・13:30 ～夕方は中学生以下の子どもとその保護者のみ利用可

渋谷・恵比寿・表参道

■東急プラザ 表参道原宿
■ラ・フェンテ代官山
■青山フェアリーハウス
■セルリアンタワー
■南青山サアンタキアラ教会
■Ａｏ＜アオ＞
■リビエラ青山
■恵比寿ガーデンプレイス
■JR恵比寿ビル（アトレ恵比寿）エビスグリーンガーデン
■恵比寿ビジネスタワー
■アニヴェルセル表参道
■ワイマッツ広尾 山種美術館
■風花東京 -flower & cafebar
■青山アートワークスビル
■表参道ヒルズ
■Gビル神宮前 03
■ジャイル
■目黒総合庁舎屋上 目黒十五庭(とうごてい)
■渋谷区神南分庁舎
■ケアコミュニティ・原宿の丘 屋上ビオトープ
■代々木公園
■中目黒公園

■所在地／渋谷区神宮前 4-30-3
■問合せ／センターオフィス ☎03-3497-0418
omohara.tokyu-plaza.com

日本本来の森林を再現した
渋谷の空中庭園

東急プラザ 表参道原宿

Tokyu Plaza Omotesando Harajuku

26本の樹木を軸に、植栽された植物は50種類以上。6階の屋上テラス「おもはらの森」は、限られた敷地ながら日本本来の森林環境を再現しています。キキョウやカワラナデシコなど、近年減少しつつある植物も自然に近い形で生息しています。樹木には地元の小学生が作った巣箱がかけられ、シジュウカラなどの鳥が利用することも。カフェやショップも充実しており、中央の六角形のベンチを始め、休憩できる設備も充実。自然を満喫しながら一休みするのにピッタリです。

屋上

主な植栽

ケヤキ、シラカシ、シマトネリコ、
ホタルブクロ、ゲンジスミレ、オキナグサなど

【アクセス】 千代田線・副都心線「明治神宮前駅」出口5より徒歩1分、JR 山手線「原宿駅」より徒歩4分
【見学】「おもはらの森」8：30 ～ 21：00

■所在地／渋谷区猿楽町 11-1
■問合せ／ ☎03-3462-8401（代）
www.lafuente-daikanyama.com

豊かな緑を湛える
多様性に富んだ壁面緑化

ラ・フェンテ代官山

La Fuente Daikanyama

代官山のお洒落な町並みの一角に位置するショッピングモール。何といっても、道路側のエントランス前に設置された約60平米に及ぶ巨大な壁面緑化は圧巻です。植物は複数種を使用しているために立体感があり、視覚的にも十分な楽しさがあります。他にも、建物脇の小道や奥のテラス周辺など、随所に植栽が見られるのが特徴。白を基調とした建物と緑のコントラストが、高級感あるランドスケープをつくり上げています。

壁面

主な植栽

ヒペリカム、セイヨウイワナンテン、
ツワブキなど

【アクセス】東急東横線「代官山駅」より徒歩5分、JR ほか「渋谷駅」より徒歩12分、「恵比寿駅」より徒歩12分
【見学】自由、営業時間はショッピング 11:00 ～ 20:00、レストラン 11:00 ～翌 2:00（一部を除く）

■所在地／渋谷区神宮前 5-34-8
■問合せ／☎0120-017-123
fairy-house.jp

緑の風に包まれる
深い深い森の式場

青山フェアリーハウス

Aoyama Fairy House

青山の閑静かつ上品な住宅街の一角に位置する、2つの建物を有する結婚式場です。どちらの壁面にも、複数の植物を用いた緑化が配置されています。その他、ふと入口から見上げれば、屋上テラスにも多くの樹木や草花が見られ、森の中の式場という雰囲気を醸し出しています。緑と青空、そして白い外壁とのコントラストは、一見の価値がある美しさです。また、一般見学はできませんが、ホールや階段などのいたる所に緑を活かした演出があります。

屋上　壁面

主な植栽

ヘデラ、タマシダ、トベラなど

【アクセス】「渋谷駅」より徒歩5分、銀座線・千代田線ほか「表参道駅」より徒歩8分
【見学】外観は自由、内部は応相談、営業時間は平日 12:00 ～ 20:00（火曜定休）、土日祝 9:00 ～ 20:00

■所在地／渋谷区桜丘町 26-1
■問合せ／総合管理事務所 ☎03-3477-6459
www.ceruleantower.com

高層ビルをぐるりと囲む
情緒溢れる日本庭園

セルリアンタワー

Cerulean Tower

地上41階のタワーを囲うように、日本庭園風の緑地が広がります。緩やかにカーブする竹林の散策路や、現代的にアレンジされた石庭などが、安らぎと潤いに満ちたランドスケープを形作っています。都会の真っ只中とは思えないほどに緑豊かで落ち着いた雰囲気が、地元の方や近隣に勤めるビジネスマンなどを強く惹き付け、朝夕には駅までの通り道として、休日には散歩道としてなど、幅広い形で利用されています。

空地

主な植栽

オオモミジ、カヤ、アカマツ、クロマツ、
モウソウチク、ダイミョウチク、サツキツツジなど

【アクセス】 東急東横線、JR山手線「渋谷駅」より 徒歩３分
【見学】 自由

■所在地／港区南青山 5-5-24
■問合せ／ ☎03-5464-7773（代）
www.santa-chiara.jp

横約 21m ×縦約 8m に及ぶ
極彩色の大壁面緑化

南青山サンタキアラ教会

La Chiesa di Santa Chiara

オープンより2年目。入口の壁面を48種2,300株の植物が覆い、限りなく自然に近い立体感を実現しています。その規模と趣向を凝らした植栽が高く評価され、このたび2012年「港区みどりの街づくり賞」を受賞しました。教会はアーチをくぐった奥にあり、お庭にはバラの植栽やツタによる緑化などが見られ、欧風ガーデンの雰囲気が漂います。「植物は、あくまで自然に生えるままに」をモットーに形成された緑と建物の景観は、一見の価値ありです。

壁面

主な植栽

ツワブキ‘ギガンティア’、ウエストリンギア、コトネアスター‘オータムファイアー’など

【アクセス】「表参道駅」より徒歩２分、「明治神宮前駅」より徒歩 12 分、銀座線「外苑前駅」より徒歩 12 分
【見学】 自由。営業時間は平日 11:00 ～ 20:00、土日祝 10:00 ～ 19:00

■所在地／港区北青山 3-11-7
■問合せ／㈲ブライトン　☎03-5786-4545
www.ao-aoyama.com

建物と緑のコントラストが描く
高級感あふれるランドスケープ

Ao＜アオ＞

Ao

表参道駅よりすぐの、アパレル・飲食店などを中心とした商業ビル。全4階層にわたるテラスに、中低木による植栽が並びます。適度に配置された緑と、階段状のテラス、そしてガラス張りのビルとのコントラストは見事。一箇所に留まらず、階下から見上げたり、逆に見下ろしたり、さまざまな角度から見てみるとまた違った美しさを楽しめます。カフェテラスもありますので、自然の風を感じつつ、リッチな気分を味わいながら食事やティータイムを楽しめます。

屋上

主な植栽

特になし（季節に合わせた草木を植栽）

【アクセス】「表参道駅」より徒歩 1 分、「明治神宮前駅」より徒歩 11 分、「渋谷駅」より徒歩 12 分
【見学】 自由、営業時間はショッピング 11:00 ～ 20:00、レストラン 11:00 ～ 23:00、ほか Web サイト参照

■所在地／港区南青山 3-3-3
■問合せ／☎03-5411-1140（代）
www.riviera-a.jp

緑豊かな壁面緑化ゲートと
草木に囲まれた結婚式場・レストラン

リビエラ青山

RIVIERA AOYAMA

外苑西通りに面した入口に、壁面緑化のゲートが見られます。愛と美の女神ヴィーナスの象徴であるマートルや、ハート型のアイビーなど、ウェディングの会場らしいこだわりの植物が15種類ほど植えられています。基盤材が見えないくらいまでに濃く葉が生い茂った緑のゲートは、青山の洗練された街並みによくマッチしています。レストランとチャペルの周辺にも植栽があり、青山の憩いの場となっています。

壁面

主な植栽

アイビー（セイヨウキヅタ）、プミラ、アベリア、マートル（ギンバイカ）、ヤツデ、ヤブランなど

【アクセス】「外苑前駅」より徒歩3分、「表参道駅」より徒歩9分、
【見学】 外観は自由、レストラン営業時間 LUNCH 11:30 ～ 15:00（L.O14:00） DINNER18:00 ～ 22:30（L.O20:30） レストラン営業は平日のみ。レストラン問合せ：03-5411-6660。土日祝日はウェディング

■所在地／渋谷区恵比寿 4-20
■問合せ／恵比寿ガーデンプレイス インフォメーション
☎03-5423-7111
http://gardenplace.jp/

緑と建築デザインが調和する
恵比寿の人気スポット

恵比寿ガーデンプレイス

YEBISU GARDEN PLACE

恵比寿のシンボルといえる複合施設。中心に位置する大型アーチはあまりに有名ですが、視点を少し変えると随所に緑が取り入れられていることに気づきます。サッポロビールの本社もここにあり、本社ビル横には、草原、花畑を有する公開空地が広がります。花の種類も多彩。夏季にはチョウやトンボなどがたくさん訪れ、生きものにとっても貴重な場です。ショッピングついでに足を運び、自然を満喫するのに最適です。

空地

主な植栽

ハナチルサト、メタセコイア、
モミジバフウ、セイヨウシャクナゲなど

【アクセス】 JR または日比谷線「恵比寿駅」より、JR 恵比寿駅東口から動く通路「恵比寿スカイウォーク」で約 5 分
【見学】 自由

■所在地／渋谷区恵比寿南 1-5-5
■問合せ／☎03-6699-0833（ソラドファーム事務局）
www.machinaka-saien.jp/farm/sorado-ebisu/

渋谷・六本木等を一望できる
駅直結の大型屋上庭園

JR 恵比寿ビル（アトレ恵比寿）
エビスグリーンガーデン

JR Ebisu Building ／ Ebisu Green Garden

JR恵比寿駅直結のJR恵比寿ビル（アトレ恵比寿）の屋上に広がる、総面積約2,100平米に及ぶ屋上庭園です。シンボルとなるオリーブの木を軸に、周囲の花壇にはハーブが植栽され、季節の花が咲き乱れます。ウッドデッキは100%リサイクル素材を使用。環境への細やかな配慮も窺えます。近隣住民や周辺に勤める人々が多く訪れる人気スポットです。また、野菜やハーブなどを栽培・収穫できる場として、貸菜園「ソラドファーム」も運営中です。

写真:東邦レオ㈱

屋上

主な植栽

オリーブ、ヤマボウシ、
ローズマリー、タイム、ミントなど

【アクセス】「恵比寿駅」直結、「代官山駅」より徒歩10分、東急東横線「中目黒駅」より徒歩15分
【見学】自由、ソラドファームは会員制、開園時間／4～9月 10:00 ～ 19:00、11～2月 10:00 ～ 17:00、10月・3月 10:00 ～ 18:00

■所在地／渋谷区恵比寿 1-19-19
■問合せ／ビル事業本部
☎03-5458-0709

恵比寿ビジネスタワー

Ebisu Business Tower

正面玄関周辺の植栽のほか、裏手には芝生の敷かれたスペースもあり、恵比寿駅に向かう人が多く通り抜けます。使用されている樹種は約30種。植栽の集中する玄関前は、濃い緑で彩られています。

空地

主な植栽

シラカシ、 クロガネモチ、
ニオイヒバなど

【アクセス】「恵比寿駅」 より徒歩4分、「代官山駅」 より徒歩13分、日比谷線「広尾駅」 より徒歩14分
【見学】 自由

■所在地／港区北青山 3-5-30
■問合せ／☎03-3478-5488（代）
www.anniversaire.co.jp

アニヴェルセル 表参道

ANNIVERSAIRE OMOTESANDO

表参道より、カフェを横に見ながら奥に進んだ先に、ツタ（オカメアイビー）のアーチと教会のチャペルが見えてきます。チャペル前の植栽は、夜になるとイルミネーションが点灯し、幻想的な光景が広がります。

空地

主な植栽

オカメアイビー、 エゴノキ、
アオキなど

【アクセス】「表参道駅」 A2 番出口より徒歩 1 分、「明治神宮前駅」より徒歩 8 分、「外苑前駅」より徒歩 11 分
【見学】11:00 ～ 20:00（不定休）

■所在地／渋谷区広尾 3-12-36
■問合せ／☎03-5777-8600（ハローダイヤル）
www.yamatane-museum.jp

山種美術館 ワイマッツ広尾 1F、B1F

Yamatane Museum of Art ／ YMATS HIROO

エントランス横の道路に面したカフェの前には、金網とテイカカズラでつくった約17メートルの垣根を設置。その他、美術館が所蔵する数々の日本画にちなみ、昔から日本に自生する在来植物による緑化が随所に施されています。

空地

主な植栽

シラカシ、テイカカズラ、タブノキ、ニシキギ、ユキヤナギなど

【アクセス】「恵比寿駅」より徒歩10分、「代官山駅」より徒歩14分
【見学】 建物周りは見学自由、美術館開館時間は 10:00 ～ 17:00（月曜休館 ※祝日の場合は翌火曜休館）

■所在地／港区南青山 3-9-1 アブリム 1F
■問合せ／☎03-6659-4093（代）
www.kaza-hana.jp

風花東京-flower&cafeber

Kazahana Tokyo

外壁をほぼ植物に覆われた、森の隠れ家のようなお洒落なレストラン。季節の草花に囲まれながらランチやお茶を楽しめます。花屋とカフェバーが併設され、店内の植物はすべて購入OK。花束やアレンジメントなどの注文も受け付けています。

写真:㈱石原和幸デザイン研究所

壁面

主な植栽

サルスベリ、イワナンテン、コケ、シダ植物、アイビー、チャノキなど

【アクセス】「表参道駅」より徒歩４分、「外苑前駅」より徒歩７分、
【見学】 外観見学は自由、営業時間は花屋 9:30 ～ 18:00、カフェ 10:00 ～ 18:00、バー 19:00 ～ 24:00

■所在地／渋谷区神宮前 2-5-10
■問合せ／㈱キーワーク　☎03-5772-1911

青山アートワークスビル

Aoyama Artworks Building

神宮球場より程近い、外苑西通りの一角。6階建てビルの全フロアにわたる形で、縦長の壁面緑化が施されています。使用されている植物は、バラなどを中心に複数。バラの咲くシーズンには必見です。

壁面

主な植栽

レモン、オリーブ、ムベ、
テイカカズラなど

【アクセス】「外苑前駅」より徒歩６分、「表参道駅」より徒歩11分、都営大江戸線「国立競技場駅」より徒歩11分
【見学】外観見学は自由

■所在地／渋谷区神宮前 4-12-10
■問合せ／総合インフォメーション　☎03-3497-0310
www.omotesandohills.com

表参道ヒルズ

Omotesando Hills

表参道より一つ裏の通りに面した壁面に、ツタ類による壁面緑化が広がります。ツタの緑と緩やかな坂道、そして表参道ヒルズと向かい合うショップなどの要素が融合し、ケヤキ並木とはまた違う独特のランドスケープを描きます。

壁面

主な植栽

ナツヅタ、オオイタビカズラ、
ヘデラカナリエンシスなど

【アクセス】「表参道駅」A2出口より徒歩2分、「明治神宮前〈原宿〉駅」5出口より徒歩3分、「原宿駅」表参道口より徒歩7分
【見学】自由、店舗の営業時間はWebサイト参照

■所在地／渋谷区神宮前 3-30-12
■問合せ／日本リテールファンド投資法人
☎03-5293-7080（代）

G ビル神宮前 03

G-Bldg.Jingumae 03

原宿通り・明治通りより程近い、神宮前1丁目交差点から約200m。緩やかな斜面に位置するスタイリッシュなビルです。B1階から地上にかけて、高い壁一面をアイビーが覆っています。ビル周辺にはセレクトショップや飲食店が並びます。

壁面

主な植栽

ヘデラ（アイビー）

【アクセス】「明治神宮前駅」より徒歩8分、「外苑前駅」より徒歩9分、「原宿駅」より徒歩10分
【見学】 自由

■所在地／渋谷区神宮前 5-10-1
■問合せ／ジャイルマネジメントセンター　☎03-3498-6990
gyre-omotesando.com

ジャイル

GYRE

日本でも活躍するフランス出身のアーティスト兼植物学者 パトリック・ブラン氏が製作。約15平米の面積に、約50種の植栽を施した壁面緑化です。ビルのオアシスとして道行く人を癒し、目の前のスペースで休憩をとる人も多いです。

写真:ジャイルマネジメントセンター

壁面

主な植栽

アンスリウム“レッドラブ”、
メディニラなど

【アクセス】「明治神宮前駅」より徒歩3分、「表参道駅」より徒歩5分、「原宿駅」より徒歩7分
【見学】 自由、営業時間はショップ 11:00 ～ 20:00、レストラン 11:00～24:00 ※ラストオーダーは店舗により異なります

■所在地／目黒区上目黒 2-19-15
■問合せ／☎03-5722-9359（みどりと公園課）
http://www.city.meguro.tokyo.jp/

季節を楽しむ、収穫を楽しむ
出会いを楽しむ

目黒区総合庁舎屋上「目黒十五（とうご）庭」

"Meguro-togo-tei" of Meguro city office

この屋上庭園は、屋上緑化の普及啓発の情報発信地として2005年9月に開園しました。緑化の楽しみ方別に和風庭園、新種屋上緑化植物など6つのエリアに区分けされた庭園は、屋上緑化の参考のみならず、観賞しても楽しい庭園です。名称は、「屋上緑化への15のメッセージ」と目黒区庁舎を設計した建築家・村野藤吾（とうご）の名前にちなんだものです。

「目黒区の花」ハギが咲きほころぶ頃

屋上

主な植栽

ヒメウツギ、ハギ、キンカン、ハクショウ、エゴノキ、ソヨゴ、ヤマモモ、アセビ、四季咲バラなど

【アクセス】東急東横線・東京メトロ日比谷線「中目黒駅」下車。徒歩５分。【見学】目黒区役所が開庁している平日（12／29～1／3を除く）9:00～16:30

写真：目黒区都市整備部みどりと公園課

渋谷区神南分庁舎

Shibuya city office of Jin-nan

■所在地／渋谷区宇田川町 5-2
■問合せ／☎03-3463-2749
（都市整備部環境保全課環境計画推進係）
http://www.city.shibuya.tokyo.jp/

平成13年3月(2001)、屋上緑化を義務付ける「渋谷区みどりの確保に関する条例」を制定した渋谷区が、神南分庁舎の屋上に設置した屋上緑化の見本園です。園は和風庭園、芝生庭園、洋風庭園、実験農園に区分けされておりスタイル別の屋上緑化が楽しめます。

屋上

主な植栽

レッドロビン、アジサイ、ツルバラ、ユズ、トケイソウ、ローズマリーなど

【アクセス】「渋谷駅」下車。徒歩10分。【見学】祝日を除く月～金曜日。9：00 ～ 16：30

ケアコミュニティ・原宿の丘 屋上ビオトープ

Rooftop biotope of The Care community Harajyuku-no-oka

■所在地／渋谷区神宮前 3-12-8
■問合せ／☎03-3423-8815（ケアコミュニティ・原宿の丘）

ケアコミュニティ・原宿の丘(旧原宿中学校)の屋上プールを利用してつくられたビオトープです。周りには、野辺を思わせる植栽が施され一息つける空間に。毎週日曜日(4～9月／13時～17時、10～3月／12時～16時)は、ボランティアの方の案内もあります。

屋上

主な植栽

スミレ、ノアザミ、キキョウ、ツバキ、スイレン、ナツミカンなど

【アクセス】「JR原宿駅徒歩 12 分、東京メトロ外苑前駅、表参道駅徒歩７分。【見学】9:00 ～ 17:00（10月～３月は 16：00 まで）
毎週火曜日・年末年始休館

■所在地／渋谷区代々木神園町 2-1
■問合せ／代々木公園サービスセンター
☎03-3469-6081
www.tokyo-park.or.jp/park/format/index039.html

水・緑・花の色彩が溶け合い
美しい景観を描く大型公園

代々木公園

Yoyogi Park

54haにおよぶ巨大な敷地に、1万本以上の高低木による樹林、草原、花畑が広がる広大な都市公園。明治神宮と隣接し、緑のネットワークをつくっています。シンボルである大噴水と、周囲の草地、ウッドデッキ等が生み出すランドスケープは格別の美しさ。園内にはバードサンクチュアリもあり、スズメはもちろん、ヤマガラやコゲラなどの野鳥も多く訪れます。その他、公園外周をぐるりと回れるサイクリングコースや、ドッグランなどの施設も充実。何時間でも飽きることなく楽しめる、魅力満載の公園です。

主な植栽

イロハモミジ、クスノキ、クロマツ、ケヤキ、サルスベリ、マテバシイ、バラ、ツツジ類など

【アクセス】 JR「原宿駅」・千代田線「代々木公園駅」より徒歩3分、小田急線「代々木八幡駅」より徒歩6分、駐車場（有料）
【見学】 自由、ドッグラン・サイクリング場などの営業時間等についてはWebサイトを参照

■所在地／目黒区中目黒二丁目 3-14
■問合せ／目黒区 みどりと公園課
☎03-5722-9242
www.city.meguro.tokyo.jp/shisetsu/shisetsu/koen/nakameguro/

多彩な自然の魅力をぎゅっと凝集
花と緑にあふれる快適空間

中目黒公園

Nakameguro Park

芝生広場、花壇、自然の状態に近い草原、池を中心としたビオトープ……限られた敷地ながら、植物の魅力を随所で堪能できる公園です。チョウ、トンボなどの昆虫や、野鳥も多く訪れます。ここではボランティアグループ「さーくる・ガーデン・クラブ」「いきもの池・原っぱクラブ」「有機クラブ」が、園内で生じた剪定枝や落ち葉などで堆肥をつくり、園内の植物から種を取り、また育てるという活動がされています。「花とみどりの学習館」では、こういった自然と親しむための活動内容等が展示されているほか、休憩・読書用のスペースもあり、ゆったりと一休みできます。

主な植栽

ケヤキ、トウカエデ、ネムノキ、オリーブ、ジャカランダ、ヒマワリ、マリーゴールド、ブドウ、ハーブ類など

【アクセス】 バス「東京共済病院前」下車徒歩５分、「正覚寺前」下車徒歩７分、東急東横線「中目黒駅」より徒歩 12 分、
【見学】 自由、「花とみどりの学習館」は 9:00 ～ 17:00（月曜休館 ※月曜祝日の場合は翌火曜休館）

23区その他
（全体マップにて表示）

■カシオ計算機 本社ビル
■深川ギャザリア
■ロイヤルパークホテル
■がすてなーに ガスの科学館
■リバーシティ21・新川
■旧古河庭園
■尾久の原公園
■清澄庭園
■飛鳥山公園
■木場公園

■所在地／渋谷区本町 1-6-2
■問合せ／☎03-5334-4111（代表）
www.casio.co.jp/company/

緑のじゅうたんが広がる
閑静な公開空地

カシオ計算機 本社ビル

Casio Computer Headquarters Building

災害時の緊急避難用として配置された公開空地。サクラなどの高木がビルを囲い、広場には深い緑の芝生が一面に広がります。トンボやチョウ、セミなどの生きものが頻繁に訪れ、隣接する保育園から子どもたちが遊びに来ることもあります。空地内には、石造りのシンプルなデザインのベンチが、4つずつ、2ヶ所にまとまって配置されています（左下写真）。ベンチ周辺には高木があるため木陰ができやすく、一休みするにはピッタリです。

空地

主な植栽

シラカシ、ソメイヨシノ、
ハナミズキ、ツツジなど

【アクセス】 京王新線「初台駅」より徒歩 2 分、京王新線「幡ケ谷駅」より徒歩 11 分、小田原線「参宮橋駅」より徒歩 14 分
【見学】 自由

■所在地／江東区木場 1-5
■問合せ／フジクラ開発㈱　☎03-5857-2112
（問合せは平日 10:00 ～ 16:00 のみ可）
www.gatharia.jp

英国風デザインガーデンと
日本の自然が織り成す美景観

深川ギャザリア

Fukagawa Gatharia

商業施設前に広がるガーデンコートには、大時計を中心にバラなどの季節の草花が植えられ、英国のガーデン風景が再現されています。その他、植栽豊富な遊歩道など、さまざまな形の緑が見られるのが特徴です。生物多様性の保全・回復も重視されており、ビオガーデン（左下写真）では関東平野・荒川流域の生態系をモデルとして、在来魚が暮らす池を中心に、鳥や昆虫を呼び込める自然環境が整備・保全されています。

空地

主な植栽

クスノキ、タブノキ、
バラ、各種ハーブなど

【アクセス】東西線「木場駅」より徒歩2分、東西線・都営大江戸線「門前仲町駅」より徒歩13分、東西線「東陽町駅」より徒歩16分
【見学】自由、店舗・施設の営業時間はWeb サイト参照

ロイヤルパークホテル

Royal Park Hotel

■所在地／中央区日本橋蛎殻町 2-1-1
■問合せ／☎03-3667-1111（代）
www.rph.co.jp

樹木はホテルを囲うように四方に植栽されていますが、とりわけ入口裏（ホテルの北東側）には高木が多く、日陰ができやすい環境です。すぐ横では滝が流れており、水音に耳を傾けながらゆっくりと休憩をとることができます。

空地

主な植栽

ケヤキ、サクラ、クスノキなど

【アクセス】 半蔵門線「水天宮前駅」より徒歩1分、日比谷線・都営浅草線「人形町駅」より徒歩6分、日比谷線・東西線「茅場町駅」より徒歩 10 分
【見学】 自由

がすてなーに ガスの科学館

GAS SCIENCE MUSEUM

■所在地／江東区豊洲 6-1-1
■問合せ／☎03-3534-1111（代）
www.gas-kagakukan.com

東京ガスが運営する、エネルギーやガスについて学習できる大型施設です。なだらかなに曲線を描く斜面状の屋根には一面芝生が広がり、その面積は2,567平米と広大。遠くから眺めると、まるで大きな緑の丘のようです。

写真：東京ガス㈱

屋上

主な植栽

野芝

【アクセス】 有楽町線・ゆりかもめ「豊洲駅」より徒歩 6 分
【見学】 9:30 ～ 17:00（月曜（祝日の場合は翌日）および年末年始・設備点検日は休館）

■所在地／中央区新川 2-27-4
■問合せ／なし

リバーシティ 21 新川

Rivercity21 Shinkawa

隅田川・中央大橋の目の前に位置し、マンションを囲う形で公開空地が設けられています。すぐ近くには佃公園、石川島公園、新川公園といった親水公園があります。カモメなどが飛来する、海を間近に感じられる立地です。

空地

主な植栽

クロガネモチ、サザンカ、サツキツツジなど

【アクセス】 JR「八丁堀駅」より徒歩 5 分、日比谷線「八丁堀駅」より徒歩 8 分、有楽町線・大江戸線「月島駅」より徒歩 12 分
【見学】 自由

■所在地／北区西ヶ原 1-27-39
■問合せ／☎03-3910-0394（旧古河庭園サービスセンター）

旧古河庭園

Furukawa Garden

武蔵野台地の斜面と低地という地形を活かし、北側の小高い丘には洋館を建て、斜面には洋風庭園、そして低地には日本庭園を配したのが特徴です。日本庭園の作庭者は、京都の庭師植治こと小川治兵衛（1860～1933）であり数少ない大正初期の庭園の原型を留める貴重な庭園です。

庭園

主な植栽

モミジ、スダジイ、モチノキ、ヤブツバキ、バラ、イイギリ、ハナショウブ、サザンカなど

【アクセス】 JR「上中里」下車徒歩7分。JR「駒込」下車徒歩12分。東京メトロ南北線「西ヶ原」下車徒歩7分。**【見学】** 9：00～17：00（年末年始休園）。一般150円、65歳以上 70 円

■所在地／荒川区東尾久七丁目・町屋五丁目
■問合せ／☎03-3819-8838（尾久の原公園サービスセンター）

尾久の原公園

Okunohara Park

この公園は、旭電化尾久工場跡地(現:ADEKA)に現在も造成中で、区民の憩いの場として親しまれています。将来は運動施設や多目的広場を持った10ヘクタールの公園となります。現在の開園区域には、芝生広場、原っぱ、クローバー広場、流れ等の施設が整備され、春になると園内のシダレザクラが満開となり来園者で賑わってます。

公園

主な植栽

シダレザクラ、ススキ、ヒガンバナ、ヨシ、ノカンゾウ、ミソハギ、アベリアなど

【アクセス】日暮里・舎人ライナー、都電荒川線「熊野前」下車徒歩8分。都電荒川線「東尾久三丁目」下車徒歩10分【見学】自由

■所在地／江東区清澄二・三丁目
■問合せ／☎03-3641-5892（清澄庭園サービスセンター）

清澄庭園

Kiyosumi Gardens

泉水、築山、枯山水を主体にした「回遊式林泉庭園」です。この造園手法は、江戸時代の大名庭園に用いられたものですが、明治時代の造園にも受けつがれ、清澄庭園によって近代的な完成をみたといわれています。関東大震災では図らずも災害時の避難場所としての役割を果たし、多数の人命を救いました。

庭園

主な植栽

クロマツ、ツツジ類、アジサイ、ハナショウブ、カンヒザクラなど

【アクセス】都営大江戸線・東京メトロ半蔵門線「清澄白河」下車徒歩3分【見学】一般150円、65歳以上70円（小学生以下及び都内在住の中学生は無料）

■所在地／北区王子 1-1-3
■問合せ／まちづくり部 道路公園課 公園河川係
☎03-3908-9275
www.city.kita.tokyo.jp/docs/facility/055/005518.htm

深緑と静寂に包まれながら
江戸～近代の歴史情緒を体感

飛鳥山公園

Asukayama Park

かの八代将軍・徳川吉宗が整備・造成を行い、庶民が花見などを楽しめる行楽地として生まれた歴史ある公園。飛鳥山を軸として、こんもりとした「緑の丘」のような形をしています。JR王子駅の中央口・南口目の前と立地に恵まれ、入口には飛鳥山山頂までのケーブルカー（無料）があるため、年配の方も安心です。春にはサクラが咲き誇るほか、灯篭や石垣など、随所に江戸文化を感じさせる要素が。佐久間象山の記念碑や、旧渋沢庭園、北区飛鳥山博物館を始めとした3つの博物館など、数々の史跡・施設を通じて歴史の奥深さを学べます。

主な植栽

サクラ（ソメイヨシノ、シダレザクラ、カンザン、ヤマザクラ等）、アジサイ、ツツジなど

【アクセス】 JR「王子駅」よりすぐ、都電荒川線「飛鳥山駅」よりすぐ
【見学】 自由、ただし旧渋沢庭園は開放時間9:00 ～ 16:00。

■所在地／江東区木場四・五丁目・平野四丁目
三好四丁目・東陽六丁目
■問合せ／☎03-5245-1770（木場公園サービスセンター）

木場公園

Kiba Park

昭和44年には、江東再開発構想のなかの防災拠点の一つとして位置づけられ、木材関連業者が現在の新木場へ移転したのを機に、水と緑の森林公園として整備されました。公園は、葛西橋通り、仙台堀川によって南、中、北の3地区に分けられており、木場公園大橋が各地区を連絡しています。

公園

主な植栽

サクラ、マテバシイ、ヤマモモ、サザンカ、ライラック、ヒイラギモクセイ、ヤブツバキ、など

【アクセス】東京メトロ東西線「木場」下車徒歩5分。都営地下鉄大江戸線「清澄白河」下車徒歩15分。都営地下鉄新宿線「菊川」下車徒歩15分【見学】自由

その他
（マップ非表示）

■シンクパークタワー

■経堂コルティ 4F 屋上庭園

■玉川高島屋S·C 本館·南館

■玉川高島屋S·C マロニエコート

■玉川高島屋S·C ガーデンアイランド

■杉並区役所

■京王リトナード永福町 屋上庭園ふくにわ

■井の頭恩賜公園

■国営昭和記念公園

■所在地／品川区大崎二丁目1番1号
■問合せ／㈱世界貿易センタービルディング ThinkPark事業部
☎03-5759-8671
www.thinkpark.jp

海からの風を都会に呼び込み
清涼感をもたらす広大な緑地

シンクパークタワー

ThinkPark Tower

高低木合わせて約12,000本の樹木を植栽。緻密な計算に基づき、多様な木々の間を通して東京湾からの海風を町へと通す「風の道（左下写真）」がつくられています。キキョウやスズランなどの下草も充実しており、日本本来の林地が再現された緑道です。屋根部分には、ススキなどの畦道でよく見られる植物が植えられ、かつての里山風景を彷彿とさせます。テラス席を設けた飲食店もあり、緑を満喫しながら食事を楽しむことも可能です。

空地

主な植栽

ケヤキ、センペルセコイア、ヤマモモ、
レンランディヒノキなど

【アクセス】 JR「大崎駅」より徒歩2分、都営浅草線「大崎広小路」より10分
【見学】 自由（ただし団体見学の場合には事前申請が必要）、店舗・施設の営業時間はWebサイト参照

■所在地／世田谷区経堂 2-1-33
■問合せ／ ☎03-5450-2571（代）
www.kyodo-corty.jp

経堂駅より徒歩 1 分
花や緑、陽の光に満ちた庭園

経堂コルティ 4F 屋上庭園

KYODO CORTY

街に開かれた大階段や開放感あふれるプラザ。経堂コルティは、歴史ある「経堂」という街の中庭として、住まう人、訪れる人の「出会い」や「憩い」の場となっています。経堂コルティのシンボルとなる幅約10mに及ぶひな壇状の大階段や通路などの共用部分は、自然の光や風を取り入れる構造として、空調や照明による電力負荷の低減に努めるほか、太陽光発電や雨水再利用システムを導入するなど、環境への配慮がなされています。

写真:小田急電鉄㈱

屋上

主な植栽

モミジ、キンモクセイ、レイランディ、
フェイジョアなど

【アクセス】 小田急線「経堂駅」より徒歩1分
【見学】 自由、営業時間は 10:00 ～ 23:00
（一部店舗を除く）

■所在地／世田谷区玉川 3-17-1
■問合せ／ ☎03-3709-2222（玉川髙島屋 S・C 代表）
www.tamagawa-sc.com

2 つのビルにまたがる
屋上庭園の大パノラマ

玉川髙島屋 S・C 本館・南館

TAMAGAWA TAKASHIMAYA S ・ C　Main Bldg. ・ South Bldg

本館と南館の7階にまたがる巨大な屋上庭園「フォレストガーデン」には、中高木の植樹あり、草原あり、水辺ありとさまざまな自然景観が集積されています。時折、自然散策ツアーなども実施しています。カフェやレストランなども充実しており、ランチやティータイムにもピッタリです。本館3階にはもう一つの庭園「ローズガーデン」が広がり、その名の通り色とりどりのバラでいっぱい。深い緑と華麗な花を、一つの建物内で楽しめることが玉川髙島屋S・Cの魅力です。

屋上

写真:玉川髙島屋S・C

主な植栽

サクラ、シャクナゲ、ウメ、ブドウ、
カキ、リンゴ、バラ類（ローズガーデン内）
各種ハーブ類など

【アクセス】 東急田園都市線・大井町線「二子玉川駅」より徒歩2分
【見学】 本館のフォレストガーデンは 20:00 迄となります。営業時間 10:00 ～ 21:00

■所在地／世田谷区玉川 2-27-5
■問合せ／☎03-3709-2222（玉川髙島屋 S･C 代表）
www.tamagawa-sc.com

玉川髙島屋 S･C マロニエコート

TAMAGAWA TAKASHIMAYA S･C Marronnier Court

本店よりほど近くの、ファッションや雑貨関連の店舗が入った商業施設。エントランス周辺に多彩な草花を植栽しているほか、各フロアの屋根にはひし形状の金網を設置し、植物を絡ませて独特の魅力ある外観を形成しています。

写真:玉川髙島屋S･C

壁面

主な植栽

ヘデラ、ツキヌキニンドウなど

【アクセス】 東急田園都市線・大井町線「二子玉川駅」より徒歩４分
【見学】 自由、営業時間 10:00 ～ 21:00

■所在地／世田谷区瀬田 2-32-14
■問合せ／☎03-3709-2222（玉川髙島屋 S･C 代表）
www.tamagawa-sc.com

玉川髙島屋 S･C ガーデンアイランド

TAMAGAWA TAKASHIMAYA S･C Garden Island

噴水と水路の周囲に、ニセアカシア、バラ、その他季節の花などを植栽し、コンテナガーデンを設置。色彩豊かな花々が、周囲の緑や床のレンガと調和して美景観を生みます。高台なので見晴らしもよく、二子玉川駅の周辺を一望できます。

屋上

主な植栽

ニセアカシア フリーシア、オリーブ、フォレスト パンシー、ジューンベリーなど

【アクセス】 東急田園都市線・大井町線「二子玉川駅」より徒歩９分、玉川髙島屋 S･C 本館よりシャトルバスの運行あり（10:00 ～ 20:00）
【見学】 営業時間（10:00 ～ 20:00）内は自由、2F ブッフェ ザ・ヴィラのみ 23:00 までの営業

■所在地／杉並区阿佐ヶ谷南 1-15-1
■問合せ／環境部環境課 ☎03-3312-2111
www.city.suginami.tokyo.jp（区役所 HP）
www.kankyou.city.suginami.tokyo.jp/curtain（緑のカーテン HP）

杉並区役所

Suginami City Office

庁舎南側の壁面に、最大7階に至る大きな緑のカーテンが設置されています。現在はヘチマ、ゴーヤ、キュウリ、アサガオなどを栽培。夏場には豊かに茂った葉が清涼感をもたらし、庁舎の省エネに一役買っています。

写真:杉並区役所

壁面

主な植栽

ヘチマ、キュウリ、ゴーヤなど

【アクセス】 丸の内線「南阿佐ヶ谷駅」より徒歩1分
【見学】 自由、営業時間 8:30 ～ 17:00

■所在地／杉並区永福二丁目 60-31
京王リトナード永福町屋上
■問合せ／なし
www.keio-ekichika.com/retnade/eifukucho

京王リトナード永福町 屋上庭園「ふくにわ」

Keio Retnade Eifukucho

サクラの木やバラのアーチを中心に、季節ごとに植え替えられる花々が1年中景観美を提供します。晴天時には富士山が望めることも。2010 年度には環境省主催の「『みどり香るまちづくり』企画コンテスト」において、『入賞』を受賞しています。

写真:京王電鉄㈱

屋上

主な植栽

ヨシノサクラ、ブラシの木、ジューンベリー、シマトネリコ、フェイジョアなど

【アクセス】 井の頭線「永福町駅」屋上
【見学】 自由、年中無休、営業時間 8:00 ～ 19:00

■所在地／武蔵野市御殿山一丁目、吉祥寺南町一丁目、
三鷹市井の頭三・四・五丁目、下連雀一丁目、
牟礼四丁目

■問合せ／☎0422-47-6900（井の頭恩賜公園案内所）

武蔵野の雑木林と
神田上水の源である井の頭池

井の頭恩賜公園

Inokashira Park

公園の中心である「井の頭池」は初めて江戸にひかれた水道、神田上水の源であり、明治31年に改良水道ができるまで、人々の飲み水として使われていました。園内は、井の頭池とその周辺、雑木林と自然文化園のある御殿山、そして運動施設のある西園と、西園の南東にある第二公園の4区域に分かれています。井の頭池周辺は低地、御殿山周辺は高台になっており、変化に富んだ景観が楽しめます。

公園

主な植栽

イヌシデ・イロハモミジ・サクラ（ソメイヨシノ）
サワラ・ヒノキ・ツバキなど

【アクセス】JR 中央線「吉祥寺」下車徒歩5分。京王井の頭線「井の頭公園」下車徒歩1分。駐車場有（有料）【見学】自由

■所在地／東京都立川市緑町
■問合せ／☎042-528-1751（昭和管理センター）
www.showakinenpark.go.jp/

四季折々の花と緑に包まれた
全国有数の都市公園

国営昭和記念公園

Showa Kinen Park

1983年、昭和天皇御在位50年記念事業の一環として、立川基地跡地の一部に開園しました。開園面積165haの広大な空間に、花と緑が美しい「みんなの原っぱ」や「花の丘」、こども達に人気の遊び場である「こどもの森」、武蔵野の景観を再現した「こもれびの丘」や「こもれびの里」、伝統的な造園技術を継承する「日本庭園・盆栽苑」、緑の文化の体験や交流の拠点となる「花みどり文化センター」などがあり、行催事も多く開催されています。豊かな自然の中で様々な楽しみ方ができる公園です。

写真：国営昭和記念公園

公園

【アクセス】■あけぼの口／JR中央線・立川駅より約10分。多摩都市モノレール・立川北駅より約8分■立川口／JR中央線・立川駅より約15分。多摩都市モノレール・立川北駅より約13分■西立川口／JR青梅線・西立川駅より約2分■昭島口／JR青梅線・東中神駅より約10分■玉川上水口／西武拝島線・武蔵砂川駅より約25分（残堀川緑道経由）■砂川口／西武拝島線・武蔵砂川駅より約20分【見学】時間9:00〜17:00（季節により異なる）。入園料／大人（15歳以上）400円、シルバー（65歳以上）200円、小人（小・中学生）80円

「東京・緑のハンドブック」

定価：本体 1,524 円＋税

2012 年 11 月 20 日　第 1 版発行
発行人：丸茂　喬
編著：株式会社マルモ出版
協力：第 29 回全国都市緑化フェア TOKYO 実行委員会
公益財団法人東京都公園協会
NPO 法人屋上開発研究会
発行所：株式会社マルモ出版
〒 150-0042 東京都渋谷区宇田川町 2-1 渋谷ホームズ 1405
電話 03-3496-7046
http://www.marumo-p.co.jp
印刷・製本：株式会社ローヤル企画

ISBN978-4-944091-49-2